# 湛庐 CHEERS

与最聪明的人共同进化

HERE COMES EVERYBODY

# 赋能业务

高松 著

EMPOWER
YOUR BUSINESS

中国纺织出版社有限公司

## 你了解未来企业学习的全新理念与方法吗?

扫码鉴别正版图书
获取您的专属福利

- 企业学习是为了"发展人",所以企业学习部门的客户就是学员吗?

    A. 是

    B. 否

- 赋能业务的应用场景有?

    A. 从 0 到 1 的业务创新

    B. 战略落地与目标管理

    C. 业务团队文化凝聚力建设

    D. 以上全部

扫码获取全部测试题及答案,
一起了解未来企业学习的全
新理念与方法

- 我们更需要在项目设计中规避的误区是?

    A. 假问题、无团队、落地难、缺成长、能量低

    B. 假问题、无创新、落地难、缺资金、能量低

    C. 假问题、无创新、落地难、缺成长、能量低

    D. 假问题、无创新、落地难、缺成长、价值低

扫描左侧二维码查看本书更多测试题

企业学习赋能宣言[1]

EMPOWER
YOUR
BUSINESS

## 企业学习的 4 个价值主张

1. 组织学习高于个体学习。
2. 业务赋能高于岗位培训。
3. 未知共创高于已知传授。
4. 生态构建高于学习技术。

注：1－2 是学习主体及目标，3－4 是学习领域与方法。尽管右边有价值，但是左边的价值高于右边。左边是企业学习更高级的发展阶段。

---

[1]《企业学习赋能宣言》界定了企业学习的 4 个价值主张与 12 条趋势原则，是在"企业学习赋能宣言"共创活动中形成的。这一活动由一批走在前沿的管理研究者与实践者发起，对企业学习进行了深度反省、思考与共创。其初心是让学习助力企业成功，为企业学习重新定位、指引方向。

活动源起于 2022 年 5 月的上海，具体由"赋能管理研究院"发起，法国里昂商学院、CSTD、创课群落、HRflag、商业评论、中企视讯、大健康产业人才发展联盟等合办。通过三轮线上加线下共创沙龙的认真研讨，最终于 2022 年 12 月 15 日达成共识，正式提出《企业学习赋能宣言》。

赋能业务　EMPOWER YOUR BUSINESS

# 企业学习的 12 条趋势原则

01. 企业学习的使命是助力企业商业成功，为客户、员工与社会创造价值。
02. 企业学习的本质是组织学习，助力组织对环境的敏捷适应与自我变革，达成基业长青的目标。
03. 学习力是新时代企业生存与发展的核心竞争能力。
04. 企业学习应超越人才发展功能，创造业务赋能、组织发展、文化传承、知识管理、生态赋能等多元价值。
05. 企业学习应与工作场景高度融合，以训战结合的方式提升学习成效。
06. 企业学习不仅要注重员工岗位能力的提升，还应关切员工内心能量的提升，开展人格与心性教育。
07. 企业学习需要体系化建构，不同行业及不同发展阶段的企业，需要构建与自身相匹配的学习体系。
08. 业务、人才、组织、知识四位一体，是企业学习体系构建的底层逻辑。
09. 企业学习应当成为独立的职能，建立企业级的目标与预算机制，并深入业务一线发挥作用。
10. 企业学习应当承担起知识管理归口的角色，成为组织新知的探索、产出、推广、应用的平台，助力打造知识创造型的企业。
11. 面对智能化浪潮与赋能业务的全新要求，不仅需要创新学习技术，还需要构建学习生态。
12. 中国企业学习应当探索自主创新的发展道路，为全球企业学习贡献原创理论与方法。

　　其中，1—3 是定位，4—6 是范畴，7—8 是体系，9—10 是职能，11—12 是愿景)

引言

EMPOWER
YOUR
BUSINESS

## 赋能时代，
## 企业学习如何创造全新价值

在 VUCA[①] 时代，企业经营管理需要更为务实高效，围绕客户需求敏捷反应、创造价值。一切企业管理工作都会被重新审视并引发管理者的反思：这些工作为组织及客户创造的价值是什么？投入产出比是否合算？在这个背景下，传统的 HR 部门及培训职能正在被边缘化。

2021 年 12 月，字节跳动正式撤销人才发展中心。这一事件迅速发酵，成为企业 HR 管理及培训学习领域的标志性热点事件。

---

① VUCA 是 volatility（易变性）、uncertainty（不确定性）、complexity（复杂性）、ambiguity（模糊性）的缩写。VUCA 时代又称乌卡时代，是指我们正身处其中的世界具有高度的易变性、不确定性、复杂性、模糊性。——编者注

字节跳动的决策来自对 HR 人才发展职能的重新审视。根据一些媒体的报道，字节跳动管理层这样阐述这次调整的原因：首先，他们发现，现有团队的定位与公司的需要脱节；其次，团队积累的技能和经验在一段时间内也不太符合公司的需求方向。关于人才发展的职能定位需要被重新梳理……从组织精干的角度，他们不仅要审视和反思个体与团队的产出是否足够，也要复盘和反思'职能'本身是否有价值、如何发挥价值……他们要避免一些部门和团队的工作变成'过家家'，也就是员工很忙，部门空转，但没有创造很多实际价值。这不仅浪费公司资源，也会制造很多噪声，浪费其他员工的时间。

尽管字节跳动对人才发展职能的反省与决策看起来有些惨烈、决绝，但是如果我们仔细思考就会发现这符合趋势，也是真诚务实的。

## 传统培训正在经受 6 项挑战

### 挑战 1：传统培训缺乏支持企业变革转型的方法论

在 VUCA 时代，企业变革转型成为常态。企业变革的形态由危机下的、跳跃式的、间歇性的，转变成日常的、渐进的、持续性的。产品与业务模式的创新、战略与策略的迭代、组织的调整优化等，均涉及转型方向的共创、转型路径的落地、组织心智的提升、上下共识的达成。

然而，现有培训职能受制于人才发展的功能局限，缺乏全新的学习模式与方法论的支持，难以达到组织的期望。

### 挑战 2：传统培训难以助力业务绩效达成

职能部门需要有客户与业务视角，需要为业务创造价值。这是趋势，HR

培训部门也不例外。那么，以业绩与问题为导向就成为培训的题中之义。然而，传统培训以人才发展为主，通常做法是在领导力发展项目中，用行动学习方法讨论业务问题。这样的做法对业务的实际帮助非常有限。

那么，如何将员工能力提升与组织绩效达成紧密结合呢？这需要全新的方法论的支持，对学习培训部门是一个巨大挑战。

### 挑战 3：传统培训无法满足 Z 世代①员工的学习习惯和需求

随着 Z 世代人群进入职场，员工的代际差异愈加突出。Z 世代出生于中国经济高速发展时期，是互联网的原住民。他们个性鲜明、兴趣广泛，注重自我感受，习惯于独立思考，善于收集信息。

Z 世代员工的学习方式自然与以往员工不同。传统的知识传授式教学方式很难适应他们的需要。学习培训部门需要引入探索式的、主动的、游戏化的、面向创新的全新教学方式。

### 挑战 4：在数字化时代，线下课程吸引力下降

在数字化与互联网时代的知识付费潮流下，在线教育异军突起。在得到、混沌大学、喜马拉雅等平台上，顶级专家的课程随处可见，而且售价极其低廉。

在这种形势下，传统线下课的吸引力大幅下滑。如果学习形式仅仅是被动听讲，那么网上课程无论是在专家水平还是授课内容方面都碾压线下课程。这样一来，为何还要花大量时间在线下听课？故此，如何提高学员参与度与积极性，成为 HR 培训部门的普遍难题，如何通过数字化技术改造传统学习培训形式也成为重点课题。

---

① Z 世代指新时代人群，通常指 1995 年至 2009 年出生的人群。——编者注

### 挑战 5：HR 培训部门现有职权无法承担赋能业务的新任务

HR 培训部门原先承担的职能是人才发展，许多企业培训部门是隶属于人力资源部门之下的子部门。然而，随着业务支撑、组织能力发展、文化落地等企业对 HR 培训部门的全新要求的提出，培训部门的职能定位发生了变化，这样的定位需要企业赋予培训部门更大的权限与更多的资源，而这与学习培训部门现有的组织定位不一致。

有些企业为了解决这一问题，将学习培训部门从人力资源部门分拆出来，建立了企业大学。然而，企业大学的定位还是人才发展。企业大学与业务部门关系并不紧密，也没有有效承接公司管理层战略。

### 挑战 6：传统培训师资与培训经理很难适应新形势的要求

HR 培训部门要发挥支撑业务的作用，就需要发展全新的能力，这就对传统的培训师资与培训经理提出了挑战。老师不仅要有讲授能力，还需要有引导共创能力、业务洞察能力。培训经理不仅要负责教务与运营，还需要具有能够解答咨询问题、充当顾问的能力，能够帮助业务部门策划改进业务绩效的学习方案。这些全新要求都对现有的培训师资与培训经理提出了重大挑战。如何培养与提升他们的能力，建设一支专业精湛的学习团队，是学习部门面临的重大课题。

## 赋能业务，为企业创造全新的价值

面对这些挑战，学习部门对原先职能进行小修小补显然是不够的，还要对传统培训的价值定位进行重塑。传统培训要从关注人才发展转变为专注于为组

## 引言　赋能时代，企业学习如何创造全新价值

织创造全新的价值。那么，这个价值是什么呢？

我们认为它就是赋能业务。传统培训要向赋能业务的企业培训学习，对自身进行升维。传统培训的再定位也需要在整个组织管理发展的坐标上进行。

在 VUCA 时代，僵化、反应缓慢的科层制组织难以适应快速变化的商业环境，从而使创新者陷入窘境。越来越多的组织在寻求变革，如华为的"铁三角"[①] 模式、字节跳动的 OKR[②] 实践等。

一种全新的管理潮流与组织范式正在兴起，这就是赋能敏捷组织。在赋能敏捷组织范式下，组织从上下层级的控制关系，变为以客户为中心、前后台相互支撑的服务关系。传统组织的正金字塔结构演变为前、中、后"三台"相互支持的组织架构。前台是由面向客户的敏捷高效的经营小团队组成，他们围绕客户需求做出迅速响应并创造价值。中台则是由职能部门构建，为前台提供服务支撑、炮火支援。后台则发挥战略、文化、研发等组织长远发展的基石功能。

赋能敏捷组织的运作机制与传统组织不同。任正非在谈到华为"铁三角"变革时说："用一个形象的术语来描述，我们过去的组织和运作机制是'推'的机制，现在我们要将其逐步转换到'拉'的机制上去，或者说，是'推''拉'结合，以'拉'为主的机制。'推'的时候，是由总部权威的强大发动机在推，一些无用的流程、不出功的岗位，是看不清的。'拉'的时候，看到哪一根绳子不受力，就将它剪去，连在这根绳子上的部门及人员，一并剪去，让他们全部到后备队去，

---

[①] 华为"铁三角"，指客户经理、解决方案专家和交付专家组成的客户服务小组。——编者注
[②] OKR，Objectives and Key Results 的简称，指目标与关键成果法，是一套明确和跟踪目标及其完成情况的管理工具和方法。——编者注

组织效率就会有较大的提高。"[1]

在赋能敏捷组织范式下，HR部门显然处于组织中台。那么职能部门如何避免成为被剪掉的绳子呢？赋能业务、迅速响应和支援前台的呼唤、为客户与业务创造价值，这是传统培训转型的方向。

赋能业务听起来很容易，然而做起来却很难。许多培训经理尝试在人才发展培训项目中赋能业务，如研讨业务课题、萃取业务管理经验等。但从整体来看，这种做法效果不佳，且很难获得业务部门及管理层的认可。

做起来难的原因在于全新方法论的缺失。传统培训的学习方法论与工具非常成熟，但它们是建立在人才发展定位基础之上的，例如基于岗位胜任力模型构建起的学习地图、课程体系、内训师团队、TTT[2]授课方法、人才测评技术、传统人才梯队学习项目等。赋能业务则是从组织的战略与绩效出发，为客户创造价值。价值定位的差异决定了赋能业务与人才发展是完全不同的两项职能任务。显然，我们不能拿着陆地上的武器到海面与空中作战。

管理是一门实践的学问。任何管理理念如果不能付诸行动与实践，为组织创造真实可衡量的价值，就会沦为空想。而行动与实践，不仅需要理念与思想的引领，还需要方法论的指导。探索开创赋能业务的全新理念与方法论，就是写作本书的目的。

赋能业务是一个全新的领域。近10年来，我在这个领域持续做出了开创性的研究与实践。这个历程非常艰难，我们既积累了成功的经验，也遭遇过许多失败。我在本书中对它们做了归纳总结，将其以思想理念、方法论与案例的

---

[1] 邓斌. 华为管理之道 [M]. 北京：人民邮电出版社，2019.
[2] TTT 的全称为 Training the Trainer to Train，意思为培训培训师如何做培训。——编者注

形式，体系化地呈现出来。

　　作为前沿性的研究，本书还达不到完美成熟的境界。我更愿意将它视为面向未知的希望大陆的一块铺路石，为艰难探寻中的管理者、HR及培训伙伴们铺平前行的道路。

# 目录

EMPOWER YOUR BUSINESS

引言　　赋能时代，企业学习如何创造全新价值

## 第一部分
## 赋能业务，提升企业敏捷进化的能力

第 1 章　　**赋能业务，企业学习的未来**　　003

　　　　　　传统培训的 5 大困境 /004

　　　　　　重新定义企业学习 /008

　　　　　　谁是企业学习的客户 /012

　　　　　　学习部门的 4 种新角色 /012

第 2 章　　**赋能业务的全景图与 6 大升维**　　015

　　　　　　从 2 个维度构建赋能业务的全景图 /016

　　　　　　赋能业务的 6 大升维 /020

第 3 章　　**赋能业务的企业学习体系搭建**　　027

　　　　　　价值定位 /028

　　　　　　业务链分析 /031

　　　　　　业务建模 /032

　　　　　　学习地图 /032

　　　　　　赋能落地 /033

　　　　　　组织机制 /035

## 第4章　赋能业务的7大应用场景　　039

场景1：从0到1的业务创新 /042

场景2：战略落地与目标管理 /047

场景3：业务拓展与客户赋能 /051

场景4：赋能营销前台 /054

场景5：业务人才能力建设 /059

场景6：跨业务线的协同 /063

场景7：业务团队文化凝聚力建设 /065

## 第5章　赋能业务的学习三支柱　　073

重新定位学习部门 /074

构建赋能业务的学习三支柱 /075

学习三支柱与组织其他部门的关系 /083

学习三支柱的组织能力升级 /087

# 第二部分
# 构建赋能业务方法金三角

## 第6章　赋能于人：赋能业务的学习地图　　099

旧的学习地图无法指引你探索赋能业务的新大陆 /101

赋能业务要上承战略下接绩效 /103

业务价值链是赋能业务学习地图的基石 /107

业务建模 /117

构建基于业务场景的岗位任务图谱 /126

目录

　　从岗位任务图谱到岗位知识图谱 /129
　　学习产品化推动赋能落地规模化 /132

第7章　赋能客户：赋能业务产出绩效红利　　141
　　赋能一线：精准营销，敏捷执行 /145
　　标杆引领：敏捷共创业务经营模型 /157
　　实效落地：能力提升与绩效达成一体两面 /168

第8章　赋能组织：主任层项目助力组织能力和业绩双提升　　177
　　主任层项目的缘起 /179
　　授人以渔：主任层项目赋能组织变革 /183
　　承上启下：绩效线如何赋能组织战略执行 /190
　　人才发展：能力线如何赋能业务能力提升 /198
　　横向融合：产线促动如何打通绩效与能力 /205
　　8大价值：实现组织能力全面提升 /217

# 第三部分
# 赋能业务项目实战

第9章　赋能业务项目设计的ICIDE模型　　225
　　项目设计的5大误区 /226
　　ICIDE模型 /228

3

## 第 10 章　如何评估赋能业务的成效　　265

传统的柯氏四级评估模式的局限 /266

赋能业务的 4 个评估指标 /268

**结语**　在"后企业大学"时代，真正成为赋能型组织　　273

**致谢**　　277

# 第一部分

# 赋能业务，
# 提升企业敏捷进化的能力

第 1 章

# 赋能业务，
# 企业学习的未来

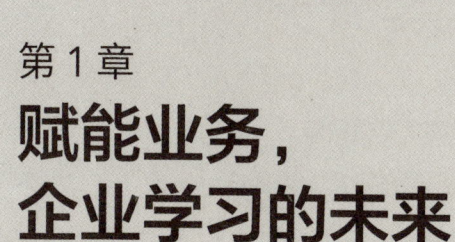

赋能业务　EMPOWER YOUR BUSINESS

## 传统培训的 5 大困境

在 VUCA 时代，HR 培训职能正遭受挑战。2021 年字节跳动裁撤人才发展中心事件并不是孤例。另一个标识性的事件发生在 2020 年，中国企业学习领域的标杆、曾使其所属企业三获 ATD BEST Award[①] 大奖的海尔大学，遭组织内部调整，转型为人单合一研究中心。

2017 年，我参与发起的"中国企业大学百人会"在海尔大学举办了一场沙龙活动，主题就是讨论企业学习如何为业务创造价值。沙龙上的嘉宾研讨非常激烈，与会的企业大学校长分为两派。一派是革新派，赞同企业学习为业务创造价值；另一派是保守派，认为企业学习应当聚焦人才发展。

海尔大学时任校长孙中元是革新派，他认为培训部门必须为业务创造价值，未来才有生存空间。海尔大学曾遭受来自业务部门的质疑，孙中元将质疑中被问到的问题分享给大家："为员工提供了八大类别的专业培训后，海尔大学帮助海尔解决了多少实际问题？科层制金字塔在海尔已经消失，那领导力梯队培养还有何意义？领导力培训营占用业务骨干许多工作时间，但公司并没发现骨干们的能力有何改变与提升，这样的领导力培训营还有什么存在的必要？我们在一线搏杀，你们到底能够为海尔业务部门提供哪些直接的、实实在在的帮助？"

---

① ATD BEST Award 指美国人才发展协会（Association for Talent Development，ATD）颁发的奖项"最佳学习型企业奖"（BEST Award）。——编者注

在这样尖刻的追问下，一切装腔作势的、表面性的学习培训模式必将遭遇淘汰。据此海尔大学做出了有价值的变革努力，这些举措对当下的培训部门而言，依然是珍贵的且有启发意义的。那么，传统 HR 培训学习部门究竟为何正在被边缘化呢？这就必须从 HR 培训职能的底层逻辑说起。

传统培训定位于人才发展，对应的是人力资源选、用、育、留职能中的"育"这个职能。随着对人才发展的重视程度的提高，许多企业建立起完整的企业培训体系，主要包括课程体系、内训师队伍，以及在线学习平台。以此为基础建立的企业大学也蓬勃发展。

然而，随着 VUCA 时代到来，企业面临越来越大的挑战与压力，变革与转型成为常态。传统培训聚焦个体发展，很难适应组织创新变革与业务发展的需要。企业应当重新定义企业学习，应当使企业学习为企业业务经营与组织变革贡献价值。

传统培训的目的是实现以岗位为基础的人才发展，它的出发点是组织岗位分析。通过建立岗位能力模型，企业大学规划出岗位所需掌握的知识和具备的能力，并以此为依据开发课程、构建课程体系、培养内训师队伍，最终勾画出组织的学习地图。这几乎是过去所有企业大学与培训部门构建企业培训体系的基本逻辑。然而，在 VUCA 时代，这一学习地图失效了，原因主要有以下 5 点。

## 静态体系无法适应动态变化

过去的学习地图看似逻辑清晰、体系精致，但却是静态的。它反映的是组织发展特定时点的岗位知识能力要求。如果组织与岗位发生变化，整个体系就会随之失效。然而 VUCA 时代最大的特征就是变化。当环境动荡变化时，企业必然要对战略不断做出适应性调整，组织管理架构也需要随之变革，组织岗位自然就处于不稳定的状态之中。

据业内人士反映，滴滴在2016年有记载的组织变化就达上千次之多。当然，大多数企业不会像滴滴一样频繁调整组织结构，然而组织变革与调整确实已经成为企业当前的一种常态。

学习地图是相对稳定环境下的方法论，它很难适应变化动荡的商业环境。基于岗位知识能力而开发的静态传统培训体系，在愈加剧烈的环境动荡与组织变革形势下，就像是一只被放在不停摇晃的桌面上、随时可能会掉落、碎裂的精致的花瓶。

## 个人维度的学习无法起到支撑组织发展的作用

传统培训聚焦人才发展，以员工的知识掌握与能力发展为目标，属于个人维度的学习，为企业贡献的价值是人才发展。然而，随着数字化时代的到来，组织能力的发展、组织变革与转型，成为企业迫切需要解决的问题。为了解决它们，培训部门需要站在组织的高度，提升组织内部协同的能力、提炼组织知识资产、塑造组织文化、提升组织心智、推动组织变革。个人维度的学习显然无法起到支撑组织发展的作用。传统培训需要升维，从个体学习升维到组织学习。

## 价值创造的链条太长导致学习转化难题

传统培训的目标是人才发展，它的价值实现方式是通过知识传授，提高学员的能力，并期望其将这种能力转化到工作之中，提高绩效，为企业创造价值。然而，这个链条太长。在学习效果的转化方面，该链条面临许多挑战。例如：知识学习是否具有针对性？学员掌握了知识是否就可以有效提升能力？学员能否将所学知识经过转化运用到他的工作之中？学员能否为企业创造绩效？

如果学习效果在每一个环节之后都会衰减，企业培训学习的有效性自然遭到质疑。这就是经典的学习转化难题。如果传统培训无法为企业创造看得见的价值，学习培训部门公司内部地位自然就不高，那么培训预算动辄被削减的现象也就不令人奇怪了。

## 学习与工作场景割裂

传统培训是将学习与工作分离，培训学习的时间、空间与工作场景是割裂的。培训就是将培训对象从工作中抽提出来，让员工在特定的时间空间里，进行所谓的专题学习活动。这样的学习与学员的工作关系不大，目的性不强，违背了成人教育的根本规律，导致员工的逆反心理与动力不足问题。

传统培训内容的针对性不强。课程的内容大多是教授通用标准化的方法，并没有针对企业的特定问题提出定制化的解决方案。学员学完课程感觉有道理，但对于如何去做还是一头雾水。

接受这样的培训就像吃健康补品，学员看不到直接效果。培训部门难以证明培训学习的价值，培训预算往往就会被企业当成费用列入支出，而不是作为投资列入资产。

## 已知知识学习的价值下滑

传统培训以课程为基础，主要讲授来自已知知识体系的信息。然而，互联网时代是线上信息非常丰富的时代，已知的知识与信息大多可以在线上被搜到。员工花费大量的时间参加现场课程就显得成本高昂。此外，知识更新迭代的速度在加快。好不容易萃取形成的课程内容，不久之后就会过时落伍。员工依然无法利用从课程中学到的已知知识去解决工作中未知的问题。

例如，即使对淘宝模式了解得再透彻，我们也不可能再造一个淘宝。这是因为淘宝的成功依靠的是特定时空背景，这个时点一旦过去，相关的知识经验也就过时了。拼多多的崛起完全是另一个电商模式的成功。因此，真正有价值的学习不是模仿淘宝模式，而是创造性地探索电商新模式。也就是说，真正有价值的学习不是面向已知的学习，而是面向未知的学习。

## 重新定义企业学习

传统培训已经无法适应数字化时代组织的新要求。那么，传统培训未来的转型方向是什么？我认为应该是回归到企业学习的本质。我们首先来澄清一个问题，企业学习的本质到底是什么。

在当今时代践行学习型组织理念的企业不在少数，其特点是：企业家酷爱学习，经常参加各种总裁班，喜爱读书，在企业内部组织许多学习活动，如专题学习周、高管读书会、标杆游学等。有的企业家甚至会亲自上台担任老师。员工在学习上投入了大量的时间与精力，但是事后实践却发现无法将工作与学习进行紧密结合。这显然不是真正的企业学习。为此，我们需要澄清关于企业学习的若干误区，明白企业学习"不是什么"。

- 企业学习不是知识传授。知识传授主要依靠大学、各级教育机构，以及每名员工来实现。虽然企业学习必然涉及知识学习环节，但是知识传授并非企业学习的本质与目的，一切与组织发展无关的知识都不是企业学习应当关注的。

- 企业学习不是读书听课。从表面上看读书听课是学习，也是企业传统培训的主要形式，但是它只是企业学习的手段之一，并不是企业学习本身，而且在全新的技术环境下，这样的学习形式需要被改进提升。

- 企业学习不是人才发展。这一点一定会引起许多争议，企业传统培训部门的核心工作就是人才发展，这也是培训部门安身立命的基石。然而，企业关心的是组织能力提升，而非个体的发展，人才发展只是企业学习的一个子目标，企业学习的根本目的与价值创造显然应当在更高维度上。

我认为，企业学习的实质是助力组织发展与能力提升的方法论。赋能业务的企业学习的根本任务是帮助组织敏捷进化，适应环境。

从整体来看，企业组织是生存在商业环境母系统下的子系统。在 VUCA 时代，社会、政治、经济等领域的演进变化速度越来越快，商业环境也在飞速变革。这就对企业组织提出了重大挑战。企业只有适应环境、敏捷进化、持续变革，才能基业长青。

行动学习理论创始人雷格·瑞文斯（Reg Revans）教授曾形象地将这种情形用一个公式表达：L>C。L 是 Learning 的缩写，指学习；C 是 Change 的缩写，指变化。这个公式揭示了这样一个原理，即只有组织的学习速度超越环境的变化速度，组织才能健康发展。

事实上，这是一种关乎企业能否生存的生死时速。只有组织变革速度跟上环境变化速度，组织才能生存发展。而企业学习的实质正是帮助组织敏捷进化、适应环境的方法论。

在《敏捷共创：让学习直接创造成果》中，我对组织与环境之间的关系做出了以下阐释。

> 在与环境的不断互动中，组织并不是全然被动的。环境的变化是客观的，不以组织的意志为转移，而组织自身的政策、方针、制度是主观的，组织能够主动对它们做出调整与改变。因此，组织变革也就是企业根据客观环境的变化而进行的主动的自我调整。这个变革能否奏效，直接决定了企业组织的生存或死亡。[1]

企业学习是组织变革的方法论，也是对组织变革与进化做出主动调整的过程。因此，企业学习是积极的，具有革命性的特质。

企业学习无疑是组织维度的学习，组织学习专家对此也曾有共识。克里斯·阿吉里斯（Chris Argyris）[2]认为："组织学习是组织为了促进长期效能和生存发展，而在回应环境变化的实践过程中，对其根本信念、态度行为、结构安排所做的各种调整活动，这些活动借由正式与非正式的人际互动实现。"

国际著名创新管理学者马克·道奇森（Mark Dodgson）也指出："所谓

---

[1] 高松. 敏捷共创：让学习直接创造成果 [M]. 北京：东方出版社，2018.
[2] 克里斯·阿吉里斯是当代管理理念大师，组织行为学创始人。其作品《组织学习》已由湛庐引进，天津科学技术出版社于 2021 年出版。——编者注

学习型组织就是那些为了提高和最大化组织学习，而有目的地进行学习框架构建和战略设计的组织。学习是一个动态概念，它强调的是组织的一种持续变革的特征。"

企业学习要超越生死时速，显然必须重点关注当下与未来，而不是过去。它应当帮助组织观察与监测环境的变化趋势，形成创新的策略与方案，并推动组织的调整与转型。

这一点与传统培训重点关注个人学习是有很大区别的。个人学习通常是指知识的习得，以及运用知识解决问题。这种结构化的已知的知识是建立在对过去经验的总结之上的，而这些经验又是以过去的环境条件为前提总结出的。

企业学习如果将重点放在对过去知识的储存与传播上，就不能把握住自身的真正使命。企业学习只有面向未来，才能及时捕捉那些微弱的预示性信号，做出准确的判断，提前进行布局，超越决定组织存亡的生死时速。如果从知识的视角看企业学习，那么企业学习一定将重点放在知识的更新创造上，而非知识的储存与教授上。

面对挑战，传统 HR 培训部门必须重新定位培训职能，找寻出路。从注重人才发展的传统培训到赋能业务的企业学习，这才是 HR 培训职能要转型的方向。如果赋能业务的企业学习是未来发展方向，那么这样的企业学习要有所作为，就应当回答以下这些基本问题：企业学习的客户是谁？企业为客户创造的价值是什么？

## 谁是企业学习的客户

许多人对企业学习的客户是谁这个问题会有误解。他们认为，企业学习是以发展人为目标的，员工就是企业学习部门的客户。其实不然。尽管企业学习的一项任务是人才发展，但是被发展的员工不是企业学习部门的客户。发展个体是为组织服务的，它本身并不是目的；帮助个体适应组织环境，并与他人协同形成组织能力、达成组织目标，这才是企业学习的目的。

赋能业务的企业学习是组织维度的学习，完成的是组织业务目标。因此，企业组织就是企业学习部门的服务对象，企业中的具体业务部门及其分支机构就是企业学习的直接客户。

## 学习部门的 4 种新角色

为了迎接挑战，学习部门需要超越人才发展的目标，重新定义自己在组织内扮演的角色及价值定位。

例如，方太学校执行校长高旭升认为，方太学校功能定位已经突破了西方传统人力资源理论框架。方太学校的 5 大功能定位分别是：文化传承、战略落地、业务突破、人才发展、知识管理。

方太集团创始人、董事长茅忠群谈到，希望方太学校能够在企业文化建设和传承、战略落地、领导力转型、知识经验的总结与传播、人才梯队的搭建、雇主品牌建设等方面发挥积极与重要的作用，并将方太学校打造成"方太人的精神家园"。

# 第 1 章 赋能业务,企业学习的未来

我认为,学习部门要想担当起企业学习应具备的责任,就应扮演 4 种全新的组织角色,分别是战略创新者、业务赋能者、组织发展者,以及知识经营者(见图 1-1)。

战略、业务与组织是一个功能铁三角,学习部门应当上承战略、下接绩效、建设组织能力,这三者之间要相互配合、相互支撑、共同发挥作用。知识经营则是支撑这个三角的基础功能。

当下是知识经济时代,知识在企业的战略、业务、组织中发挥着越来越重要的作用,成为组织重要的资产。因此,知识经营与管理成为企业重要的职能,学习部门应当成为组织知识的经营者。

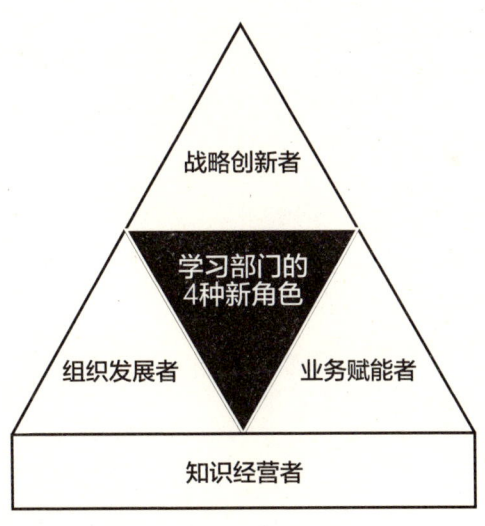

图 1-1 学习部门的 4 种新角色

赋能业务　EMPOWER YOUR BUSINESS

赋能
业务清单

1. 企业学习的实质是助力组织发展与能力提升的方法论。赋能业务的企业学习的根本任务是帮助组织敏捷进化，适应环境。

2. 企业组织就是企业学习部门的服务对象，企业中的具体业务部门及其分支机构就是企业学习的直接客户。

3. 传统培训的 5 大困境：

● 静态体系无法适应动态变化。

● 个人维度的学习无法起到支撑组织发展的作用。

● 价值创造的链条太长导致学习转化难题。

● 学习与工作场景割裂。

● 已知知识学习的价值下滑。

第 2 章

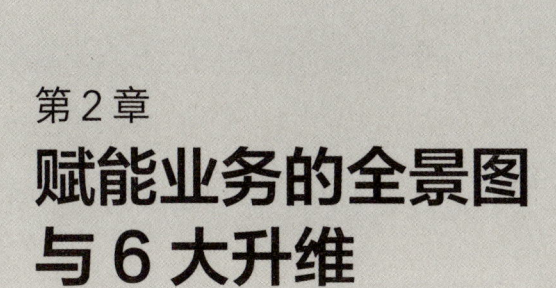

# 赋能业务的全景图
# 与 6 大升维

## 从 2 个维度构建赋能业务的全景图

赋能业务需要上承战略、下接绩效，为业务创造真实的、可衡量的价值。那么，如何从战略与绩效出发，整体规划赋能业务企业学习的范畴，构建起赋能业务的全景图？

为完成这一任务，企业可以从"战略—绩效""已知—未知"2 个维度，规划出赋能业务企业学习的四象限，分别是战略未知、战略已知、绩效未知、绩效已知 4 个领域（见图 2-1）。

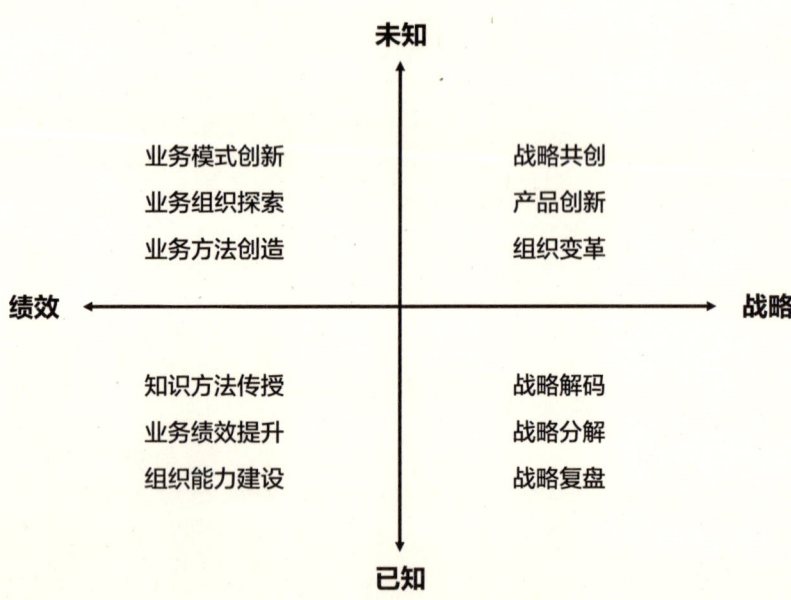

图 2-1　赋能业务企业学习的四象限

## 战略未知

赋能业务的企业学习可以助力组织探索战略未知领域，进行组织变革。随着新客户、新技术、新竞争对手的涌现，为了适应不断变化的新环境并持续发展，组织就需要进行战略创新，探寻全新的业务模式与产品服务，不断变革与进化。具体来说，战略未知包括 3 个方面的内容：战略共创、产品创新、组织变革。

- 战略共创：战略探寻的过程是一个探索未知的过程。面对变化的环境，组织的全新目标是什么？如何规划路径？这些都是管理层最关切的问题。在战略探寻的过程中，管理者需要打开视野，引入跨行业的经验与案例，也需要与来自客户、供应商、技术提供方的多元视角发生碰撞，汇聚集体智慧，洞察战略方向。这才是战略共创的价值与目的。

- 产品创新：面对新客户与新需求，战略转型的关键突破点是业务模式与产品服务的创新。在实战中，一个产品的成功创新往往就能带动企业的成功转型。例如，微信的成功为腾讯获取了一张进军移动互联网领域的门票。产品服务创新过程是一个提出假设、验证试错、反思优化的过程，其本质也是一个学习的过程。

- 组织变革：伴随着战略转型，组织与管理也必将做出改变。此时，组织的变革与调整成为关键任务。组织变革需要解决两个关键问题：一是组织共识的达成。组织变革往往会触动各方利益，要想改变员工的思维与态度，组织共识的形成是成功的前提。二是组织变革方案的设计与调整。企业学习在这两个方面都能够发挥作用。

## 战略已知

当战略明确之后，组织最大的关注点就转到如何使战略落地上面。所有部门与员工都应对组织战略有深入理解，并将组织战略有效转化为他们的具体工作举措与工作任务。只有这样，组织才能以战略目标为牵引，动员所有员工协调一致，共同努力，达成战略目标。

战略落地通常会面临3大难题：一是战略没有被全员了解并理解；二是战略没有被分解成可操作的子目标；三是战略的执行过程僵化，缺乏反馈复盘与调整。

根据上述难点，战略已知领域的学习可以在3个方面助力组织战略的落地，分别是战略解码、战略分解、战略复盘。

- 战略解码：战略解码的主导人员是中层管理者，他们通过导入组织战略，研讨并理解组织战略，分解并共创关键子战略，达到使员工深入理解并认同组织战略的目的。从而形成各部门对关键子战略的目标支撑，将战略落实到部门目标与关键举措之中。

- 战略分解：由各部门组织本部门员工围绕部门支撑战略的关键目标，研讨共创具体可落地的行动举措，并设定子目标，落实到各责任人，形成具体的行动计划。

- 战略复盘：战略复盘通常在战略落地过程中定期进行，其目的是对执行结果及过程进行反思，对战略假设进行验证，并对战略进行优化调整。战略复盘的参与人员通常是管理层及关键业务负责人，他们定期对关键性战略行动进行回顾与复盘。

## 绩效未知

业务绩效提升的未知领域，是指运用创新的方法提升业务绩效的领域。具体来说，在绩效未知领域，管理者可以通过业务模式的创新、业务组织的探索、业务方法的创造，从 3 个层面来提升业务绩效。

- 业务模式创新：业务模式是指完成业务的特定流程与步骤。例如，华为以客户为中心的从线索到回款的 LTC[①] 流程，就是一个成功的业务模式创新案例。业务模式的本质是最佳业务经验的沉淀，然而，随着客户与环境的变化，业务模式也需要不断创新。

- 业务组织探索：随着业务模式的创新，业务组织也需要探索。例如，在敏捷组织建设潮流下，营销前台的建设就是一个业务组织探索的过程。华为"铁三角"也是创新的业务组织模式。企业学习可以通过项目制的方式，进行创新业务组织的构建与探索。

- 业务方法创造：业务方法是基于业务岗位的，根据业务岗位的业务场景，规划关键任务。业务方法就是完成关键任务所需要的方法论。例如，华为"铁三角"中客户经理（Account Responsibility，AR）、解决方案专家（Solution Responsibility，SR）、交付专家（Full Resposibility，FR）的具体工作方法，就是业务方法。业务方法的提炼不能只来自过去的经验萃取，而应当是面向未来的建构与共创。

---

① LTC 即 Leads To Cash，是从线索到现金的企业运营管理思想。——编者注

## 绩效已知

绩效已知领域的目标是绩效的改进与提升。其核心手段就是将在绩效未知领域探索出的创新业务模式、业务组织及业务方法，在组织内进行推广与复制。具体来说，有 3 个方法，一是知识方法传授，二是业务绩效提升，三是组织能力建设。

- 知识方法传授：企业可以将业务方法开发成可以学习的课程，通过线上与线下方式组织学习。这种模式主要适用于业务岗位个人业务技能的提升。

- 业务绩效提升：业务绩效提升是以真实的业务绩效提升为目标的企业学习项目。这样的项目的驱动原理就不仅是个人能力提升，更要运用创新的业务模式及组织方法，组织真实的业务团队参加，边学边干，训战结合。

- 组织能力建设：组织能力的发展与建设是赋能业务的重要手段。组织能力建设不仅包括个体能力的提升，还包括组织协作及流程优化、组织文化的塑造等。

## 赋能业务的 6 大升维

赋能业务的企业学习是赋能企业经营与业务发展的企业学习。那么，赋能业务的企业学习与传统培训相比，有哪些不同，在哪些方面进行了升维？企业只有认清二者的差异，才能彻底摆脱过去的思维束缚，轻装上阵，建设全新的学习范式。

## 第 2 章　赋能业务的全景图与 6 大升维

我们认为，赋能业务的企业学习在 6 个方面对传统培训进行了升维（见表 2-1）。

表 2-1　传统培训与赋能业务的企业学习的对比图

| 对比维度 | 传统培训 | 赋能业务的企业学习 |
| --- | --- | --- |
| 学习体系与内容 | 静态固化 | 动态迭代 |
| 发展主体 | 个体维度 | 组织维度 |
| 发展视角 | 能力视角 | 用户视角 |
| 工作学习关系 | 场景割裂 | 场景融合 |
| 知识管理 | 已知学习 | 未知共创 |
| 学习手段 | 以知为主 | 知行合一 |

## 动态迭代

在 VUCA 时代，唯一不变的就是变化。为适应环境的变化，组织就需要持续的变革与创新，战略与业务的变革成为常态。于是，赋能业务的企业学习自然应该根据战略经营的变化而动态迭代。

与传统培训学习不同，赋能业务的企业学习的学习内容不是一成不变的，而是应根据企业经营与业务出现的最新问题，对学习内容进行规划与迭代，设计学习项目与落地方法。一方面，企业需要建立业务价值链的全景图，从整体上构建赋能业务的企业学习体系。另一方面，企业还需要摒弃固定的思考方式，根据新环境、新的经营和业务问题，不断探索新内容，对知识内容进行迭代优化，更新赋能学习体系。

## 组织维度

赋能业务的企业学习显然是组织维度的学习，它关注的是组织的整体目标，而不是个体发展的目标。

赋能业务的企业学习应当专注于组织关键问题的赋能。例如，关键战略的落地、业务产品第二曲线的探索、业务绩效的提升、组织能力与文化的塑造等。只有关注组织整体目标，管理者才不会迷失在碎片化的小目标中。

我认为，以人才发展为目标的企业学习不会消失，但是它未来会成为赋能业务的企业学习的子系统。虽然个体发展很重要，但是它只是组织发展的一个有机组成部分。以个人发展为目标的学习要围绕组织业务发展的根本目标，与其他系统相互结合，共同构成有效的企业学习新系统。

## 用户视角

企业存在的前提与意义就是能够为用户创造价值，赋能业务的企业学习自然需要用户视角。在构建学习主题方面，赋能业务的企业学习不是从个体能力发展出发，而是从为用户创造价值的方面出发，从最前沿与鲜活的业务实战问题出发。通过这样的企业学习，组织能够实现产品及业务模式及策略的创新，为用户创造更高的价值，也能实现自身销售收入和利润的增长。

采用用户视角的企业学习解决了传统培训学习中出现的转化与评估难题。

- 转化难题：如前文所述，传统培训转化路径太长。从学员掌握知识，到提升能力，再到提升工作绩效，路径长导致学习效率低、周期长。在 VUCA 时代，企业需要的是敏捷、高效的学习。用户视角的企业学习可以直接创造绩效，并同时实现人的发展与组织能力的提升。

- 评估难题：传统培训学习采用的评估方法通常无法评估学习为公司带来的商业经济效益。然而，赋能业务的企业学习是以用户价值创造为目标，其商业成果清晰可见，因而解决了评估难题。

## 场景融合

传统培训的学习场景与工作场景是割裂的，这主要体现在时间、空间、内容、主体4个方面。时间上，工作时间与学习时间是分开的，员工需要抽专门时间参加课程，这就会造成工作与学习的冲突；空间上，员工在教室学习，课堂与工作现场分离，员工要回工作岗位转化学习内容；内容上，学习内容针对性不强，与工作内容无关，由于成人学习的目的性很强，因此该内容难以激发员工的参与兴趣；主体上，一场培训的学员群体往往不是日常工作的组织群体，两者相互之间不重合，学员之间没有共同的任务与目标，最终的结果只能是个体学习。

赋能业务的企业学习与业务场景紧密结合，做到工作与学习的有机融合，让学习直接赋能业务。时间上，工作时间与学习时间统一，工作就是学习，学习就是工作，工作与学习不冲突；空间上，工作现场就是学习现场，员工无须刻意转化，学习成果真实可见；内容上，以解决业务工作中实际问题为主要学习内容，学习内容针对性强，能够激发员工学习兴趣，提高员工参与感；主体上，工作团队就是学习团队，学习者间有共同的任务与目标，能够在学习中有效协同，共同成长。

## 未知共创

在 VUCA 时代，未知的价值远远大于已知。如果说传统培训的培训内容还停留在已知知识领域，那么赋能业务的企业学习则将学习内容拓展到未知的疆域。那么未知领域如何开拓呢？答案是跨域共创与敏捷迭代。在数字化转型时代，组织所面对的大量战略与经营的创新议题，都是没有现成答案的，在解决这些问题时，已知知识无法发挥作用。在这种形势下，探索创新议题的答案就需要跨域共创与敏捷迭代。

- 跨域是指内部参与者由面对同一问题的跨部门人员组成，外部参与者由跨组织与行业的实践与内容专家组成。共创是指企业通过设计与举办主题工作坊，进行智慧共创，实现创新突破，形成可执行落地的策略、方案与计划。

- 敏捷迭代是指企业将创新策略进行试点，在实践中验证与优化。试点成熟之后学习部门对知识经验进行萃取、形成新知，在更大的范围推广复制经验。

赋能业务的企业学习能够不断助力组织开拓未知领域，推动业务创新，扮演业务创新加速器的角色。

## 知行合一

真正有效的学习是知行合一的，即在实践中抵达真知。

实践不仅是检验真知的标准，而且是真知达成的手段。大卫·库伯（David Kolb）在他的经验学习圈理论里提出一种完整的学习过程：由基于实践的体

## 第 2 章　赋能业务的全景图与 6 大升维

验、反思性的观察，上升到理论层面，然后在全新的理论指导下再实践，如此不断上升循环，精进学习。

有效的企业学习绝不仅仅是读书听课——这只是企业学习中的一个环节，有效的学习是基于实践的学习循环。整个学习过程需要组织动员、资源投入、落地执行、敏捷迭代、知识萃取、推广复制。

赋能业务的企业学习是基于实践的学习，它充分运用了学习效果的 7∶2∶1 法则：70% 的学习成效来自工作实践，20% 的学习成效来自向他人学习，而只有 10% 的学习成效来自传统培训中的课程学习。

赋能业务　EMPOWER YOUR BUSINESS

## 赋能业务清单

1. 赋能业务需要上承战略、下接绩效，为业务创造真实的、可衡量的价值。为完成这一任务，企业可以从"战略—绩效""已知—未知"2个维度，规划出赋能业务学习的四象限。

- 战略未知，包括战略共创、产品创新、组织变革3个方面。

- 战略已知，包括战略解码、战略分解、战略复盘3个方面。

- 绩效未知，包括业务模式创新、业务组织探索、业务方法创造3个方面。

- 绩效已知，包括知识方法传授、业务绩效提升、组织能力建设3个方面。

2. 与传统培训相比，赋能业务在6个方面进行了升维：动态迭代、组织维度、用户视角、场景融合、未知共创、知行合一。

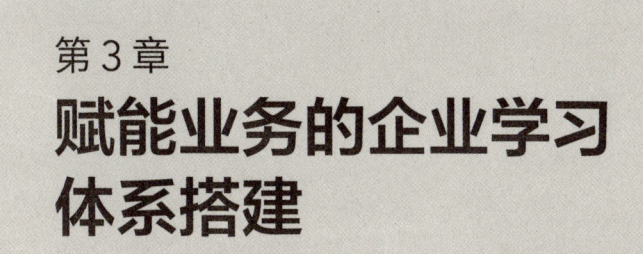

第 3 章
# 赋能业务的企业学习体系搭建

注重人才发展的传统培训发展得已经非常成熟，企业可以构建起从岗位人才能力模型、学习地图、课程体系，到师资团队、学习运营的一套完整的人才发展的培训体系。这种体系化的建设可以帮助企业系统地推动人才发展工作，发挥根本性的功能与效用。

赋能业务的企业学习只有通过构建体系，才能发挥持久功效，在组织中占有一席之地。否则，这种学习只是碎片化的努力，难以形成系统，学员也无法在一个长周期内持续进步。

正如前文所述，赋能业务的企业学习的价值定位和构建逻辑与注重人才发展的传统培训有着根本区别。因此，赋能业务的企业学习无法在传统培训的体系基础上小修小补，只能通过系统升级，重新构建。那么，如何构建一个赋能业务的企业学习体系呢？

根据我们的研究与实践，全新的赋能业务的企业学习大厦，可以通过以下6个方面进行构建，分别是价值定位、业务链分析、业务建模、学习地图、赋能落地、组织机制（见图3-1）。

## 价值定位

赋能业务的企业学习的价值定位是由业务支持、人才发展与知识经营构成的三位一体的系统。推动业务的创新与绩效提升，实现工作场人才发展，并在这个过程中创造新知、推广复制。

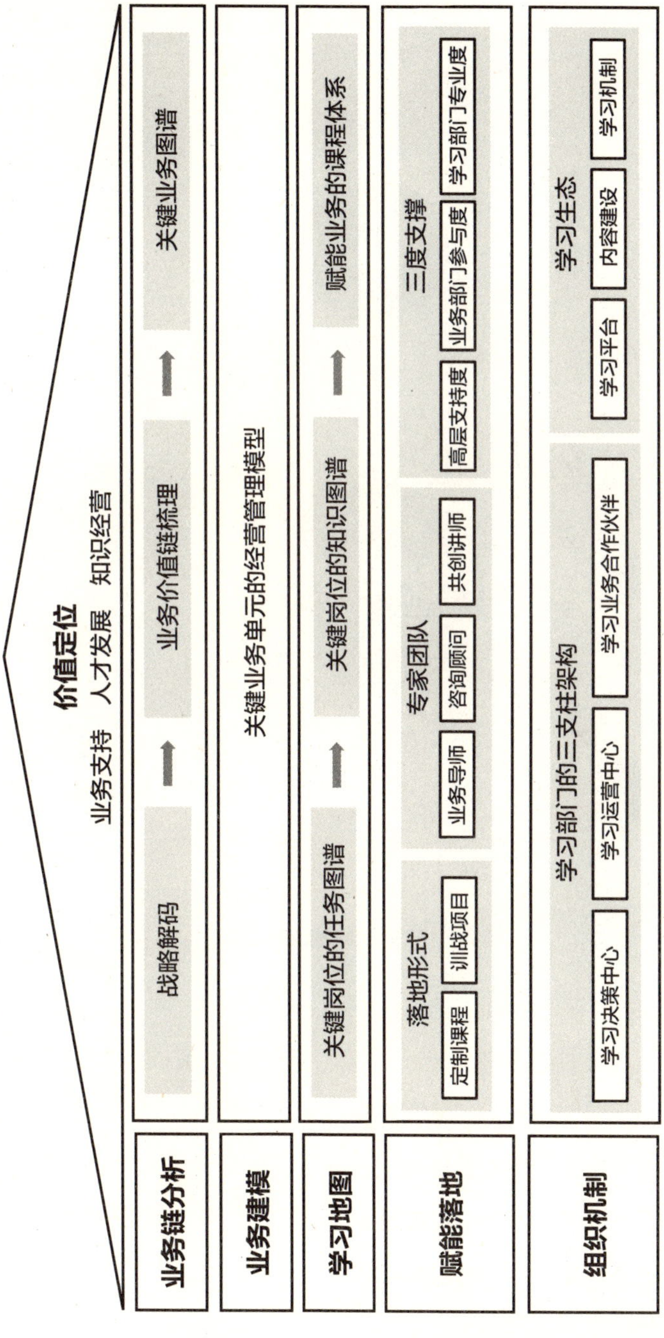

第 3 章　赋能业务的企业学习体系搭建

图 3-1　赋能业务的企业学习体系构建图

这3个方面是一个整体，它们之间相互促进，共同实现赋能业务的企业学习的作用（见图3-2）。

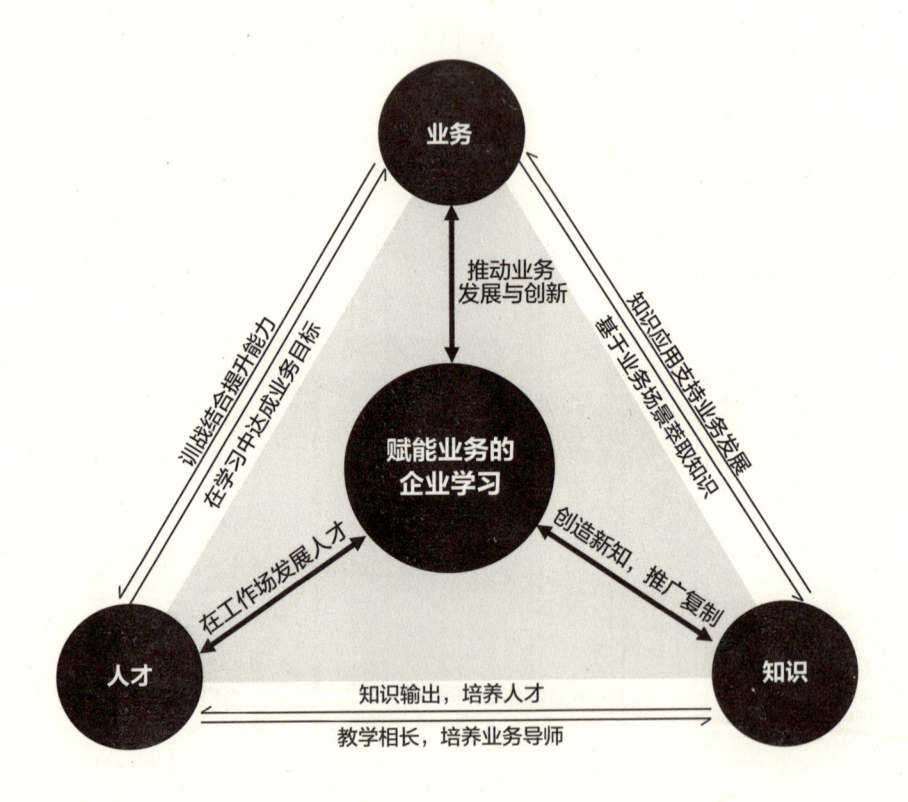

图3-2 三位一体的价值定位

- 业务支持是赋能业务的企业学习的核心目的，它的重要内容包括：战略创新与落地、文化传承、业务绩效的提升。为了达成业务支持的目的，企业就需要萃取提炼专有业务知识，并把这些知识传授给业务人才，让业务人才在真实的业务场景中解决问题，达成目标。

- 人才发展不应该独立于业务发展。一方面赋能业务的企业学习强调训战结合与工作场学习，人的成长与发展是在实际业务目标达成的过程中实现的；另一方面，在这个过程中传授的知识不能仅仅是通用性的知识，而应当是针对业务场景的专有知识，这才符合成人学习的特点。

- 知识经营是赋能业务的企业学习的关键价值。在业务支持过程中，企业将隐性业务知识显性化，针对特定的问题，构建体系化的新知，并将其转化成课程与手册等知识产品。这些定制化的知识产品不但可以促进业务人才的成长与发展，还能够直接提升业务绩效。

## 业务链分析

赋能业务的企业学习体系构建的逻辑起点是战略与绩效问题。企业学习要上承战略，下接绩效，这就需要从战略的高度与业务绩效的角度出发，规划企业学习的整个体系，抓住关键赋能点。

业务价值链通常是从用户视角出发，梳理为用户创造价值的核心环节，从而形成业务价值创造的全景图。在业务价值链的基础上，企业将所有创造价值的业务活动整理出来。这些业务活动遵循 MECE 原则[①]，既构成整体，又没有重复交叉，由此企业的关键业务图谱形成。

---

① MECE 是 Mutually Exclusive Collectively Exhaustive 的缩写。MECE 原则由麦肯锡公司的芭芭拉·明托（Barbara Minto）提出，指一种把信息不重不漏地加以分类的信息组织原则。合理使用 MECE 原则可以拆解复杂的目标，从而找到解决问题的办法。——编者注

赋能业务　EMPOWER YOUR BUSINESS

业务链分析是赋能业务的企业学习的构建基础。它与注重人才发展的传统培训有很大区别，它不是从岗位能力模型出发，而是从组织战略业务的整体视角出发，奠定企业学习体系的基石。它的规划逻辑是自上而下的，而不是自下而上的。

## 业务建模

业务建模是指聚焦关键业务单元，构建经营管理模型。关键业务单元是承担重要业务绩效任务的业务主体，这些业务主体是真正在业务一线产出业务绩效的单元，这些单元具有共性，并有一定数量与规模。例如，银行业的支行与网点、连锁零售业的门店等。

构建经营管理模型是指，根据业务单元的实际业务场景，企业通过经验萃取与理论建构相结合的方式，构建起体系化的经营管理模型。这个模型的作用是能够帮助业务单元自我诊断，精准决策，实现绩效提升。

赋能业务不能仅从提升业务岗位技能寻找突破口。为了解决业务问题，提升业务绩效，企业要从组织维度，抓住影响绩效的关键因素，形成体系化的解决方案。激活关键业务单元，使公司职能部门形成合力，学习体系才能真正发挥作用。因此，业务建模是其中非常关键的手段。

## 学习地图

赋能业务的学习地图是企业根据业务链的分析与业务建模的结果，系统梳理关键业务岗位的任务图谱，从任务图谱出发构建岗位知识图谱，再基于关键业务岗位所需要的知识，形成赋能业务的课程体系。

赋能业务的学习地图不同于人才发展的学习地图。赋能业务的学习地图是动态的。它从战略与业务问题开始，自上而下地形成关键业务岗位的任务图谱、知识图谱与课程体系。企业的战略与业务问题会不断变化，赋能业务的学习地图也必然随之调整，从而动态适应与支撑业务对人才发展的需要。

## 赋能落地

赋能业务的企业学习只有落地，才能为企业创造真实可见的价值，推动业务绩效提升，发展业务人才，沉淀知识资产。在具体实践中，要特别注意以下三个方面。

**第一，落地形式**。落地形式主要有以下两种：一是定制课程，二是训战项目。

- 定制课程是企业以业务场景中的真实问题为导向，提炼专有知识与方法论，形成针对性的课程，以"线上 + 线下"的方式，赋能业务人才。

- 训战项目是企业以业务绩效提升为目标，以真实的业务团队为学习团队，将他们所学知识与方法转化应用，在实战中促进人才发展的项目。

**第二，专家团队**。在赋能业务的企业学习体系中，由于应用场景、学习产品以及达成目标的差异，专家团队的构成与传统培训相比有很大的区别。它主要有3个角色：一是业务导师，二是咨询顾问，三是共创讲师。

- 业务导师的担任者主要是业务部门的各级领导者。赋能业务的企业学习的特点是工作学习的有机融合，在赋能型组织管理模式的潮流下，业务领导者应当由原来的管控者转变成业务一线人才的导师、教练与裁判，能够运用业务方法模型工具指导下属。在训战项目的推进中，业务导师扮演项目推动者与辅导者的角色。

- 咨询顾问往往由外部专家或内部学习专家担当。在赋能业务的企业学习体系中，业务价值链的梳理，业务模型的设计，业务定制课程的开发，业务训战项目的设计、运营与落地，都需要理解业务、具备咨询顾问能力的专家主持。

- 共创讲师通常由内训师转型而成。在赋能业务的企业学习体系中，大量的业务创新型课题、训战结合项目，需要用引导共创的工作坊模式进行。因此，讲师不仅要能够讲授知识，还应当具备设计工作坊与引导交付工作坊的能力。

**第三，三度支撑。**在赋能业务的企业学习体系的落地环节中，企业要想真正做出成果，就需要高层领导支持，使学习部门与业务部门形成合力。因此，高层的支持度、业务部门的参与度、学习部门的专业度，共同决定了业务赋能效果。

值得注意的是，在人才发展培训体系中，学习部门负责整体培训体系的搭建，培训项目及课程的设计、组织、推动，培训资源的分配，培训的具体运营等主导角色。

在赋能业务的企业学习体系中，学习部门是一个学习赋能者的角色，而非是学习操盘手的角色。作为学习赋能者，学习部门负责整体学习体系的设计，创造业务发展组织学习环境，明晰基本学习规则，创建适宜的学习文化。

在赋能业务的企业学习体系中，学习与工作场景是有机融合的。因此，真正承担和负责学习的一定是业务部门，业务部门也应自己承担学习的责任，并享受学习成果。学习部门在这个过程中扮演学习专家与咨询专家的角色，赋能业务部门的学习活动，用学习为业务部门创造价值。

在这里，企业关键要做的是清晰界定学习的权责。在赋能业务的企业学习体系中，业务部门不仅是学习部门的服务对象，更是与其共同推动企业学习落地的伙伴，在训战项目中，业务部门是操盘手，学习部门是组织赋能者，它们相互协作与支持，共同完成高质量的学习活动，为组织创造价值。

## 组织机制

企业学习要赋能业务、创造全新的价值，就需要建立有效的组织运营能力。然而，传统培训学习部门设在人力资源部门之下，是人力资源的子部门。它缺乏赋能业务的相关权限，与业务部门之间的链接不够紧密，也得不到最高管理层的重视与关注。因此，赋能业务的企业学习需要全新的组织模式及团队能力建设。

赋能业务的企业学习要想有效发挥作用，需要具备三项必不可少的职能，分别是学习决策、学习运营、学习业务赋能。具体运营分别由学习决策中心（Center of Decision，COD）、学习运营中心（Learning Operation

Center，LOC）及学习业务合作伙伴（Learning Development Business Partners，LDBP）3个子机构承担。学习决策中心、学习运营中心、学习业务合作伙伴相互配合，形成一个稳固的铁三角，共同支撑起企业学习的全新价值定位。

学习生态是赋能业务的企业学习的保障，包括学习平台的建设与维护、学习内容的打造、学习机制的建立。

赋能业务的企业学习需要充分调动员工的学习热情，提高他们的参与度。这就需要提供学习平台，建设学习内容，让员工自主自发地学习。一方面，通过组织的学习文化与氛围的打造，企业让员工以学习为乐，相互激发学习动力；另一方面，企业要建设工作中学习的机制。人人都有成长目标，企业将学习成长目标与职业生涯发展挂钩，激励员工的学习成长。

## 赋能业务清单

1. 赋能业务的企业学习无法在传统培训的体系上小修小补，只能系统升级、重新构建。

2. 赋能业务的企业学习大厦，可以从6个方面进行构建：价值定位、业务链分析、业务建模、学习地图、赋能落地、组织机制。

- 价值定位：业务支持、人才发展与知识经营三位一体。

- 业务链分析：上承战略，下接绩效，规划整个企业学习的体系，抓住关键赋能点。

- 业务建模：聚焦关键业务单元，构建经营管理模型。

- 学习地图：从关键岗位的任务图谱出发，构建岗位知识图谱，动态适应与支撑业务人才发展的需要。

- 赋能落地：学习的权责界定要清晰。

- 组织机制：学习决策、学习运营、学习业务赋能3项职能交由3个子机构承担。

第 4 章

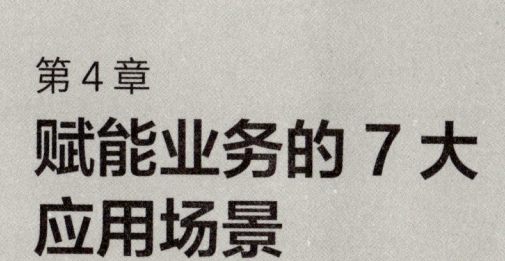

# 赋能业务的 7 大应用场景

学习要赋能业务，就需要从业务视角出发，站在业务负责人的高度思考问题，用业务语言描述问题，以助力达成业务目标为核心价值。

管理专家最容易让自己陷入专业主义，总是从讲授、教练、共创等学习技术出发，试图将具体的学习技术推销给业务，并没有站在业务立场，以为业务创造价值为最终使命。这样就会使管理者迷失目标，陷入专业细节上去。

做个比喻，学习与管理技术只是钳子、斧头、螺丝刀等工具，而用学习赋能业务所产生的业务绩效与成果，就像是一座城堡。业务需要的是城堡，而非具体的工具。

学习与管理专家要想盖出漂亮的城堡，就需要从洞察业务的具体场景入手。他们要发现经典业务场景，理解这些场景的痛点与需要，运用管理与学习的技术与方法，设计具体的适应特定业务场景的学习产品与解决方案。

学习赋能业务的经典场景，是业务部门经常遇到的难点与痛点问题。在这些场景中，学习与管理专家能够发挥作用，助力业务部门突破难题，创造价值。根据我们的研究与实践，学习赋能业务有以下7个经典场景值得研究，分别是从0到1的业务创新、战略落地与目标管理、业务拓展与客户赋能、赋能营销前台、业务人才能力建设、跨业务线的协同、业务团队文化凝聚力建设（见图4-1）。

# 第 4 章　赋能业务的 7 大应用场景

场景1　从0到1的业务创新
场景2　战略落地与目标管理
场景3　业务拓展与客户赋能
场景4　赋能营销前台
场景5　业务人才能力建设
场景6　跨业务线的协同
场景7　业务团队文化凝聚力建设

中心：学习赋能业务的7个经典场景

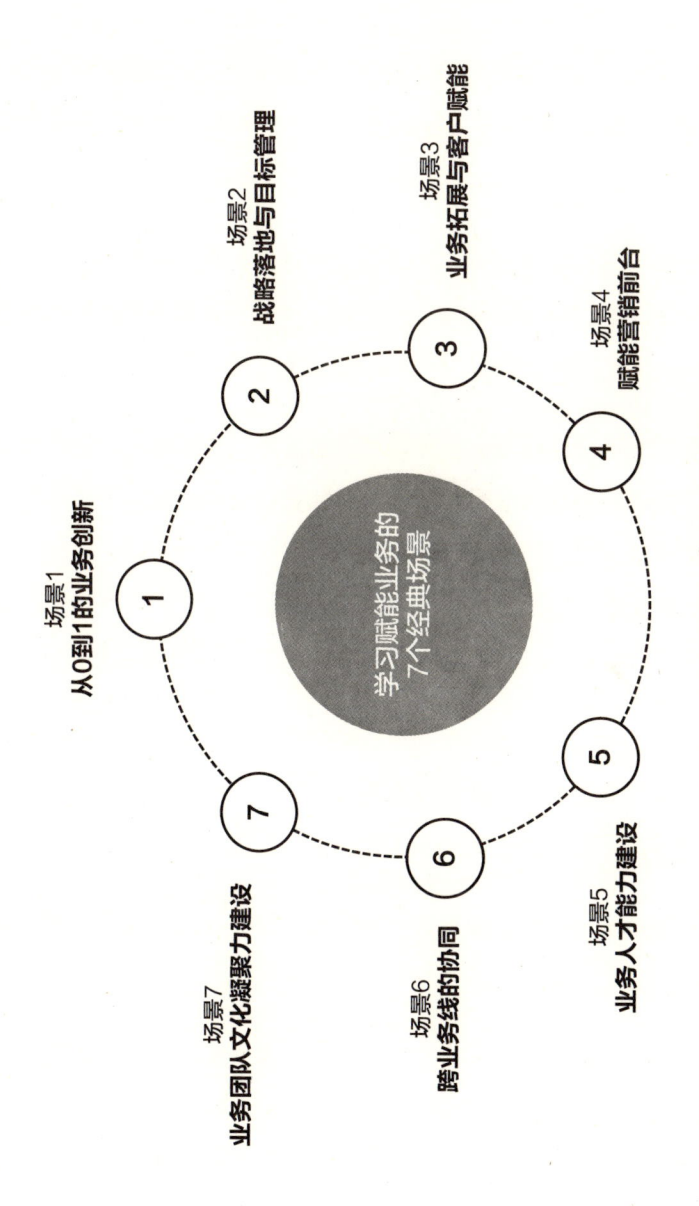

图 4-1　学习赋能业务的 7 个经典场景

041

## 场景1：从0到1的业务创新

在VUCA时代，面对变化的市场环境，业务部门需要不断创新突破：打造新产品与新服务，探索新的业务组织模式，进行新的策略与绩效改进方案的试错与迭代。

面对变化的时代环境，企业往往处于"变革找死，不变革等死"的被动局面。许多企业将赌注压在全新业务的拓展上，然而，一旦失败企业将被拖入万劫不复的境地。还有一些企业保守僵化，不愿意冒险创新，业务就会不断地萎缩下滑。

这个局面就像是部队行军，前方是黑夜与迷雾，风险莫测。如果大部队继续前行，很可能遭遇陷阱与危机。如果大部队按兵不动，则可能追兵到来，全军覆灭。在这种情况下，一个全新的思路是大部队派出一支精干的小分队，向前探索前进，为大部队蹚出一条道路来。这个小分队就是学习的团队。运用学习的方法提升创新的效率，是学习部门能够为业务部门做出的贡献。

从0到1创新突破的最大的难题是探索未知。全新的产品与业务是否符合客户的需求，新的业务模式、新的策略能否奏效，一切都需要探索与验证。通过知行合一的试错与迭代，企业最终找到正确的道路。

创新过程就是一个认知呈螺旋式上升的循环过程，这个过程的本质就是一种学习的过程。

约翰·杜威（John Dewey）的实验主义哲学的核心思想，就是一切理念都是有待验证的假设，需要在实践中检验。大卫·库伯（David Kolb）在杜威与皮亚杰（Jean Piaget）的理论基础上，提出了库伯学习圈理论，认为学习起始于具体的经验，个体经由对具体经验进行反思性观察，并将之抽象概念化，在全新的认知下再实验，形成的新经验。这样，循环往复，以至无穷。

埃里克·莱斯（Eric Ries）在《精益创业》（*The Learn Startup*）一书中，提出的最小化可行产品（Minimum Viable Product，MVP）、迭代试错、种子客户验证等做法，同样来自上述学习理论。

那么，在从 0 到 1 业务创新的业务场景中，企业如何运用学习的方法助力业务呢？我们认为可以规划以下三步学习循环。这个学习循环就是认知、方案、验证的循环。

- 认知：无论是新业务产品的开发，还是新模式的探索、新的组织形式的变革，创新的过程都是从认知开始的。通过对客户需求的洞察、市场信息的收集、外部标杆经验的借鉴，学习部门形成对问题的初步认知。之后，学习部门根据认知提出假设，如客户的痛点、价值认可要素等。

- 方案：基于认知假设，学习部门提出产品的痛点缓释方案，以及价值创造方案，形成最终的产品服务设计方案，或是业务模式与策略的创新方案。

- 验证：验证是一个知行合一的过程。学习部门将依据假设规划的方案，在实际场景中将其实施与验证，收集客户的反馈。根据客户反馈，学习部门进行反思与复盘，看哪些假设被证实、哪些假设被证伪、有哪些全新的假设被提出，从而实现认知的升级。

为了阐释上述三步的具体学习设计方法，下面我们以某大型食品企业以消费者场景为中心的业务创新学习项目为例进行说明。

**赋能业务** EMPOWER YOUR BUSINESS

项目背景是食品消费新时代的到来。随着直播电商、社区团购、社交电商、新零售的崛起，新一代消费者开始追求便利、健康的饮食，于是配送到家的即热、即烹、即食的半成品菜、成品菜成为消费者青睐的新消费品。抓住这个消费潮流，从过去仅仅是销售食品原料，转型为销售食品解决方案，探索从0到1的全新业务，成为这个学习项目的目的。

为了达到这个目的，学习部门就要先将参与业务产品创新项目的成员纳入学习项目。这些成员包括公司项目部、渠道部、市场部的相关骨干成员。然后，项目的设计就可以根据认知、方案、验证三步进行。

### 认知阶段

认知阶段的第一步是进行知识的导入，帮助参与学员打开思路，提升认知水平。我们开发了"以消费场景为中心"的营销课程，提出消费场景的人、场合、价值三要素概念。该课程指导学员如何根据三要素找到场景，并选择有价值的场景，进行产品服务设计。

认知阶段的第二步是选择与构建场景。参与学员根据所学课程，以及自身掌握的信息与知识，对消费场景进行探索与选择。例如：一人食场景，即都市独居上班族自己回家吃饭的饮食场景；宝宝餐场景，即都市精致妈妈为1～5岁的孩子烹饪餐食的场景；都市白领早餐场景，即工作繁忙的都市白领在工作日的早上想要吃到美味营养的早餐的场景。

认知阶段的第三步是调研分析。

- 一方面，学员根据所构建的消费场景，对市场规模大小、市场未来发展趋势进行分析测算，选择最有前景的消费场景着力打造。比如，参训的小组选择了都市白领早餐场景作为后续产品创新的核心场景。

- 另一方面，学员对所选择的场景进行调查研究，发现并提炼消费者的痛点与价值认可要素。根据对年轻都市白领的调查研究，学员发现他们的最大痛点是早上缺少时间。年轻都市白领工作强度大，加班熬夜多，早上起床晚，上班匆匆忙忙，没有吃早饭的时间。此外，年轻都市白领注重健康与养生，许多人有减脂、增肌、美肤的需求。再有，希望得到更多样的美味早餐选择，是他们的价值认可要素。

## 方案阶段

在方案阶段，学员需要根据认知阶段的消费者假设，提出基于场景的解决方案。这就需要学员通过共创工作坊的方式进行方案创造。方案共创工作坊需要经过结构化的设计，也就是学员们从场景出发，分主题进行共创，最后的产出就是解决方案。我们将方案共创工作坊分解为看场景、组产品、选渠道、定推广、固保障 5 个子主题，并设计了相应的引导共创方案，定义了产出的标准。

各小组根据自己所选的场景进行方案共创。以都市白领早餐场景为例。该小组锁定办公早餐为核心场景，以一线城市忙碌但精致的上班族为目标人群，以他们对便利、营养、丰富的早餐的需求为痛点，提出一个直接在通勤时间完成配送的早餐解决方案。

解决方案的核心是将中餐标准化，引入高端飞机餐模式，满足核心人群早餐需要，如海陆大餐、控糖餐等。在渠道方面，学员们可以通过小程序或办公商圈自动贩卖机等渠道售卖早餐，也可通过抖音、小红书等渠道推广产品。

## 验证阶段

验证阶段是学员将解决方案在种子客户中进行试错验证，根据客户反馈对认知假设进行检验，对方案进行反思的过程。验证阶段为下一步的认知提升打下基础。验证阶段可分为试错与反思两个部分。

以上述案例为例，在验证阶段，项目组将营养早餐解决方案命名为"小面早餐"，并针对都市白领早餐场景对小面早餐进行了品牌化的设计与包装。根据前期对消费者需求的调研，项目组将最终定价控制在10元以内，并在此价格段内设计了5款早餐套餐组合。

项目组以4周为试错周期，在上海选择了10个商务楼宇进行测试。项目组将经过品牌化包装的小面早餐车，在商务楼宇大堂门口进行展示，并在早晨上班时段面向商务楼宇白领销售早餐产品。与此同时，项目组还通过商务楼宇的便利店渠道进行了销售测试。在销售过程中，项目组成员对消费者进行了随机调研访谈，收集他们对小面早餐的意见反馈，内容包括套餐内容、定价、购买渠道、小程序功能等方面。

4周试错周期结束之后，项目组对方案进行了整体的反思与复盘。反思有2个重点。

- 重点一：评估解决方案的认知假设。通过分析消费者的消费数据与调研反馈，项目组发现都市白领早餐时间少的痛点问题是真实存在的。许多年轻白领加班时间长，起床晚，希望在通勤路线上找到营养健康的早餐，大多数人愿意将早餐带到办公室食用。年轻都市白领健康意识强，希望享用精致、健康、美味的早餐，开启一天充实的工作。

- 重点二：对解决方案进行优化。项目组根据消费者反馈，对早餐套餐内容、定价、宣传、推广策略进行了优化调整。

## 场景2：战略落地与目标管理

战略与业务脱节是组织常见的现象，业务部门工作并不能反映组织战略要求。如何做到上下同欲，让战略落地，是公司最高管理层需要关注的问题，也是业务负责人需要思考的问题。

战略难以落地的原因有3点，分别是共识未达成、目标不一致、落地缺方法。

**第一，共识未达成。** 传统观点认为，战略是管理层的事，作为执行部门的业务部门不必理解战略。这种想法在VUCA时代已经落伍，变化的商业环境需要组织对其做出更加敏捷的反应。基层业务部门要自主决策，就应当充分理解公司的战略意图。如果业务部门不理解，或不认同战略，战略与业务之间就会出现脱节。

**第二，目标不一致。** 在规划年度业务目标的时候，企业内部通常存在上下博弈与谈判。因为大多数公司采用KPI[①]绩效考核的方法，所以基层业务部门出

---

[①] KPI是Key Performance Indicator的缩写，即关键绩效指标。指通过对组织内部流程的输入端、输出端的关键参数进行设置、取样、计算、分析，衡量流程绩效的一种目标式量化管理指标，是把企业的战略目标分解为可操作的工作目标的工具，是企业绩效管理的基础。——编者注

于自身利益的考虑倾向于调低目标,而公司管理层则希望调高业绩目标。因此规划年度目标的过程就变成讨价还价的过程,最后双方妥协达成的目标往往是不准确的,也不是业务团队认同的目标,所以该目标对业务工作的牵引作用也无法得到发挥。

**第三,落地缺方法**。战略无法落地的一个重要原因是落地缺方法。许多基层业务管理者将管理简单理解为对考核指标的分解与下达。事实上,目标的达成往往需要解决问题的创造性方法,还需要业务团队成员的参与和对团队智慧的吸收,如果这些条件未能达到,战略目标就很难落地。

针对上述原因,学习部门可以运用两种方法帮助业务部门解决战略落地与目标管理的问题,分别是战略解码工作坊及目标管理方法的导入。

**战略解码工作坊** 战略解码是企业帮助业务团队理解战略,并将战略分解落实到行动上。战略解码工作坊是指为战略解码提供工具与方法的学习方式,参与者是业务团队的骨干成员。战略解码工作坊通常的学习交流时间是1~3天,其主要内容包括3个部分。

- 一是公司战略的阐释与解读。工作坊可以邀请公司高管讲解公司使命、愿景、价值观,对战略进行透彻解读。之后,工作坊让业务团队分析战略所涉及的客户与市场假设,分析公司自身与竞争对手,加深对公司的战略定位的理解,进而对战略达成深度共识。在这个部分,相关数据的收集与准备以及专业市场战略分析工具都起到了非常重要的作用。

- 二是战略蓝图的勾画与关键目标的确定。这部分的核心是建立战略执行体系，确立主要战略目标。通过导入平衡计分卡[①]工具，业务团队规划战略蓝图，锁定战略落地的关键举措与目标。

- 三是战略举措的落地分解与计划的形成。根据公司战略与关键目标，业务团队将目标进行分解，共创达成策略与方法，形成可以落地的计划与子目标。共创目标的策略方法是这个过程中的关键。为了提升这个环节的质量，工作坊可以导入标杆经验与方法论，拓宽业务团队的视野，最终使企业形成可以落地的创新策略。

**目标管理方法的导入**　学习部门可以帮助公司与业务部门导入目标管理的方法，以解决业务部门目标不准确、上下不一致、横向没拉齐等问题，运用目标的牵引作用促进业务绩效的实现。

目标管理（Management by Objectives，MBO）是指以目标为导向、以人为中心、以成果为标准，使组织和个人取得最佳业绩的现代管理方法。该理论最早是由彼得·德鲁克于1954年在其著作《管理的实践》（*The Practice of Management*）中提出的。

德鲁克认为，"企业的使命和任务，必须转化为目标"，如果一个领域没有目标，这个领域的工作必然被忽视。因此管理者应该为下级制定目标，并对他们加以管理。当确定了组织目标后，组织高层管理者必须对其进行有效分解，

---

[①] 平衡计分卡（Balanced Scorecard，BSC）是一种根据企业组织的战略要求而设计的、用于战略绩效管理工作的指标体系，由罗伯特·卡普兰（Robert Kaplan）和戴维·诺顿（David Norton）提出。它突破了传统绩效评价仅使用财务指标衡量业绩的局限，在其基础上加入了未来驱动因素，形成财务、客户、内部流程、员工学习成长4个构面组成的体系，以将企业战略转化为具体的行动。——编者注

把它转变成各个部门以及各个员工的分目标。此后，员工积极参与确定工作目标，并在工作中实行"自我控制"，自下而上地保证目标实现。

与一般人的理解不同，目标管理不是绩效考核，不等同于 KPI，而是一种有效的管理手段与方法。它有 3 个核心要点。

- 一是企业要建立相互联系的目标体系，将组织内部各部门协同在一起，形成整体合力。

- 二是建立目标的过程应当由全体员工共同参与。这是因为目标管理强调对员工的责任感的激发。目标管理以"员工是追求自我成就的社会人"为假设，企业通过让员工参与制定并完成目标，激发员工的责任意识与积极性，促进目标的实现。

- 三是以成果为评价标准。企业以目标作为各项管理活动的指南，并以实现目标的成果来评定管理工作的贡献大小。

英特尔公司原首席执行官安迪·格鲁夫（Andy Grove）在德鲁克的目标管理理论基础上，发明了 OKR 目标与关键成果法。OKR 是目标管理的工具与方法，正在被越来越多的企业所采用。OKR 的主要方法是明确公司和团队的"目标"，以及每个目标达成的可衡量的"关键结果"。

OKR 的作用是将目标上下对齐，横向拉齐，让业务部门形成合力，并在执行目标的过程中不断将目标迭代优化，推动业务绩效达成。学习部门可以帮助公司引入 OKR，提升业务部门目标管理的水平。

## 场景 3：业务拓展与客户赋能

业务拓展与客户赋能是常见的一类业务场景。企业生存的根本就是为客户创造价值。这就需要吸引更多的客户尝试企业的产品与服务。以此为目标，企业与客户的关系就要从简单交易关系，变成长期的利益共同体关系。业务部门与客户之间的互动、交流与合作比以往都要更为深入。为了构建这种新型的客户关系，企业需要以共同愿景与价值观为基础，创建全生命周期的共同价值。

在跨组织边界达成共识、帮助业务部门宣传与推广、提升客户能力、助力客户商业成功等方面，学习都能够发挥重要作用。

阿里巴巴的生态赋能团队在帮助业务部门赋能客户方面探索出非常值得企业同行借鉴的方法。前阿里巴巴资深专家安秋明在《赋能三板斧》一书中对此做了详细介绍。以淘宝为例，淘宝是电商购物平台，一方面，它面向亿万消费者，另一方面，它面对的是 1 000 万商家。淘宝的目标是让平台生态繁荣，它的商业价值是建立在 1 000 万商家成功的基础之上的。因此，淘宝生态赋能团队的主要作用是为淘宝上的所有商家赋能。

那么，究竟如何赋能客户与业务？淘宝生态赋能团队的经验是做好以下 4 个闭环。

### 宣教闭环

淘宝生态赋能团队发现，1 000 万商家体量太大，企业光靠"教"很难达成目的。如果用"宣"的办法就不一样了，企业可以通过媒体高杠杆撬动影响力，扩大影响圈。

## 赋能业务 EMPOWER YOUR BUSINESS

淘宝生态赋能团队策划了一个叫作"点亮淘宝路"的活动，该活动遍布全国 30 多个城市。每到一个城市，淘宝就与当地政府和媒体合作举办面向中小企业和商户的公益论坛，推动话题的形成和传播。

通过与业务部门的合作，淘宝生态赋能团队将其经验总结成一套宣教落地的闭环理论。一是做市场宣传。运用各种宣传为活动开道，线上导流，把人群聚集在一起。二是教育孵化。建立各种各样的学习社区，做教育、影响、孵化。三是促成合作。在教育过程中，将形成的业务问题和合作机会反馈到整个业务线，构建一个完整的闭环。

### 业务漏斗闭环

淘宝生态赋能团队通过研究业务部门的业务漏斗模型，发现业务部门的重点问题是如何提高业务漏斗的转化率。淘宝生态赋能团队会认真拆解每一个业务漏斗，具体分析业务漏斗的每一个层级转化率，思考在每一个业务漏斗上可以做什么干预，让培训学习能够发挥作用。

例如，从招商到展业，如果只招商不孵化，商家亏钱，流失率就会持续处在高位。如果赋能团队设计一个时长 1 个月的商家孵化项目，跟进商家的孵化教育，帮助商家成功度过最艰难的一段时期，那么商家转化率就会大幅提升。

### 链接、造场、赋能业务闭环

这个闭环的重点是促进业务部门与大型央企、国企的合作。淘宝生态赋能团队会跟业务团队一起创造培训、赋能、共创的场，把业务的解决方案融合到培训课程中去，在共创的环节里面让业务小二参与进来，最终促成业务合作成交。这个做法受到业务部门的欢迎，造场的发起者是业务部门。

## 商家成长的闭环

这个就像是商家成长的学习地图。从招商的第一天开始,淘宝生态赋能团队就会提供给与其合作的所有商家一整套学习成长计划。在从新手到腰部到头部的每一个阶段,淘宝都有对应的学习发展方案,该方案已经嵌入淘宝整个招商体系里了。

淘宝生态赋能团队赋能客户的思想在其他行业同样适用。康宝莱是全球著名的营养保健品直销企业。该企业特定的直销模式,需要成千上万的服务商承担起产品的分级销售工作。这些服务商既是康宝莱的用户(直接饮用产品的人),又是康宝莱的客户(销售康宝莱的人)。康宝莱业务的重要工作是:吸引更多的年轻人加盟康宝莱事业,并使这些人能够在康宝莱体系中健康成长,获得物质与事业的双重成就感。针对这个问题,康宝莱公司要我们帮助他们构建一个赋能服务商的学习体系。

构建赋能服务商的学习体系的关键是构建服务商的成长路径,发现成长路径中的关键差距,建立学习地图与课程体系,帮助服务商成长。

首先,我们通过调研访谈与研究建构,建立起康宝莱服务商的成功画像,主要由4个部分组成。

- 梦想引领:有成就事业,帮助更多人保持身体健康的利他之心。
- 热爱产品:熟悉康宝莱的健康解决方案,亲身体验产品的价值。
- 服务客户:为客户服务与创造价值,帮助伙伴取得成功的能力。
- 影响力:自我修炼与成长,造就领导力与影响力。

赋能业务　　EMPOWER YOUR BUSINESS

其次，我们按照加盟事业的时间、年度销售点数，以及月均管理活跃应用服务提供商（Application Service Provider，ASP）数 3 个维度，划分出服务商成长的 3 个阶段，分别是起步期、成长期与卓越期。

- 起步期的关键问题是服务商刚刚加盟事业。关键痛点是起步难、赚钱难，如何实现轻松起步，低门槛实现零售成功。

- 成长期的关键问题是从个人走向团队，如何经营客户与团队，发展事业。核心痛点是团队稳定难、留存难。

- 卓越期的关键问题是如何拓展市场，激励团队，挑战更高的目标。痛点是拓展难、突破难。

再次，我们根据服务商不同发展周期确定了他们的发展目标。

- 起步期：产品入门、认识康宝莱、零售技能、自我驱动。
- 成长期：产品精讲、传递精神、俱乐部经营、领导团队。
- 卓越期：营养健康、使命感召、市场拓展、远见卓识。

最后，根据发展周期与路径，我们匹配了相应的课程体系与学习形式，形成了康宝莱服务商学习地图。

## 场景 4：赋能营销前台

为适应快速变化的市场环境，赋能敏捷组织变革的潮流开始兴起，许多企业根据区域或是行业把营销前端划分为若干被充分授权、自我驱动、自主经营的营销小团队。例如，华为的"铁三角"、韩都衣舍的"小组制"、益海嘉里的"赋能生意联合体"等。

营销前台小团队要根据当地实际情况，一地一策，自主经营，从而大幅提升营销的精准性与敏捷性，提升营销绩效。这就是赋能组织变革的红利。在我们看来，凡是有基层营销组织的行业，都存在赋能营销前台变革的契机。例如，快消品行业的区域营销团队、零售连锁行业的门店、银行业的支行与网点等。

要建设营销前台，企业就需要认识到营销前台与销售团队的区别。营销前台是一个以客户为中心的自主经营体。销售团队仅仅是一个销售执行团队。营销前台被充分授权，以区域或特定行业客户群体为中心自主经营，拥有营销企划权、行动计划决策权与策略优化调整权。而销售团队只拥有销售执行权。营销前台是一个跨职能组成的机构，如在华为"铁三角"中，客户经理、解决方案专家与交付专家3个角色被组合在一起，原本串联流程被转型成并联，从而使客户服务效率大幅提升。而销售团队只有单一的销售职能。

营销前台与中台的关系是主动呼唤炮火，共同服务客户的协同关系。中台的各部门从专业出发，服务与支撑前台的作战要求。销售团队只是被动执行上级指令，承接与完成销售指标。

赋能组织变革能否成功，其关键就在于营销前台的能力建设。营销前台的营销决策能力、经营能力、组织推动能力、创新服务能力，都是需要着力发展的。学习部门为营销前台赋能，成为必不可少的关键举措。赋能营销前台可以从以下5个方面进行。

## 前台能力发展

营销前台往往是以区域与客户来划分，形成许多自主经营、服务客户的团队。这些团队不同于传统的执行型销售团队，而是具有自主经营与策划权的团队。这就需要"人人都是 CEO"。与拉姆·查兰（Ram Charan）的领导梯队理论不同，赋能组织前台需要具备战略思维与经营能力，这些都是传统的营销人员所不具备的能力。

在这里，赋能组织变革的一个痛点就是难以找到这么多能充当首席执行官的人才。或者换一句话说，难以迅速将现有的执行型员工培养成经营人才。显然，这是非常巨大的难题。如果企业不能突破该难题，营销前台的建设就会陷入困局。为了解决它，学习部门可以从后续 4 个方面着手。

## 建立选拔舞台

在传统组织机制下，许多具有经营才能的员工遭到埋没。学习部门可以通过实战学习项目提供给营销前台员工自我展现的舞台，并在项目中建立人才选拔与评估机制，为营销前台的建设识别出一批优秀的管理者。

## 实战中培养发展能力

经营能力的发展很难在课堂上实现。经营管理是一门实践的学问，企业并不能简单认为掌握了分析思维、逻辑思维与知识工具的员工就具有经营能力。经营能力是管理者在大量经营实践中形成的经营直觉与判断力、对经营平衡的把控能力、对市场局面的洞察力、抓住经营重点的系统思考力。这些能力显然需要通过实践来发展培养。

每个人的经营能力的形成是通过个人经营实践，然而，这个过程往往是不自觉的，因而学习效率不高。学习部门可以运用学习的基本规律，将经营实践与学习有机结合，从而加速员工经营能力的发展。

## 业务模式与流程提炼

要想更为有效地提升前台能力，企业就需要建立可以学习与复制的，且易学易用的经营方法模型。这个模型需要针对前台的特定经营场景建立。要开发这样的工具方法，企业就要从前台业务模式与流程的提炼着手。业务模式与流程的本质是优秀业务经验的沉淀与总结。由于前台所面对的经营管理场景是复杂多元的，而业务性质却是相同的，因而这些优秀经验就具有极大的学习价值。

然而，业务模式与流程提炼并不等同于优秀业务经验的碎片化萃取，而是具有如下特征：

- 问题导向。业务模式与流程的提炼是从解决业务问题出发，整合解决问题的优秀业务经验与做法。

- 系统化。业务模式与流程的提炼是整体的而非局部的，应当涵盖前台经营管理的所有方面，遵循 MECE 原则，所有的部分加起来涵盖整体，又不交叉重复。

- 工具化。学习部门应当依据前台业务经验，总结提炼，概括模型，形成可以学习掌握的工具。

- 迭代性。由于市场环境的永续变化，业务模式与流程必将随之改变。针对新的业务问题，新的优秀经验不断涌现出来。因此，业务模式与流程的提炼需要不断优化、调整与迭代。

## 辅导机制建立

前台能力的提升需要在实战中进行，这就要求企业针对前台的业务经营工作，建立一种对前台赋能的辅导机制。辅导前台的专家可以来自外部，但在更多的场景下是来自内部。这就迫使原先的业务主管领导转变角色，从过去的指挥者和控制者，转变成为导师、教练与裁判。

- 导师角色，是指在实战中，业务主管领导具体指导前台做出营销方案与计划，在过程中教授前台去做营销企划、经营规划、组织推动等工作。

- 教练角色，是指通过分析实战过程中发生的问题，采用陪伴与当教练的方式，业务主管领导帮助前台管理者发展自身能力，实现个人成长。

- 裁判角色，是指业务主管领导对营销前台的工作过程与业绩进行评估，对前台进行激励、考核、辅导与提升。

业务主管领导在前台业务运营的重要节点上发挥辅导作用，如月度复盘会、年度规划会等。学习部门应当建立辅导机制的考核与激励办法，推动工作的有效开展。

## 场景5：业务人才能力建设

业务人才的能力建设是业务负责人关心的重点问题。在业务飞速发展的背景下，业务人才发展滞后会拖业务成长的后腿。如何加快业务人才成长速度，提升业务团队的整体能力，就成为学习部门的重要任务。这其中的关键点就是提高学习效能。学习内容要契合业务场景，更加精准，用学习方法赋能工作，让业务团队在解决实际问题的过程中发展能力。

为了更形象地描述这一场景，并给出可以学习的方法，下面以某大型化工企业装置管理人才发展项目为例进行说明，为如何加速这个场景下的业务人才培养提供借鉴。

这家企业是一家全球化运营的化工新材料公司。随着公司业务快速发展，各生产基地和事业部的建设规模也不断扩大，越来越多的装置（化工基本生产单元）投产运营。然而，装置管理人才出现缺口，如何快速培养这类人才成为重要课题。通过前期对企业生产分管领导、生产基地职能部门、装置经理、运营经理的调研访谈，我们发现了3个重要的问题。

- 一是装置管理风格与文化缺乏共识与标准。由于业务发展迅速，装置经理的来源多元，有企业自身培养的干部，也有外资企业、央企等背景的管理者。这些管理者身上都带有原先企业的管理风格与文化，他们在管理理念与文化上存在分歧，难以达成共识。

- 二是装置管理人才储备不足。随着基地/事业部建设规模不断扩大，生产运营管理的后备人才（装置经理、主管、工程师等）储备不够。目前企业主要的培养目标是提升新任管理者的通用管理能力，但这种培养方式针对性不足，培养速度慢。

- 三是缺乏对优秀管理经验的总结、提炼与应用。在企业生产管理领域中存在着大量的最佳实践，但这些实践并没有得到提炼总结，固化到流程与管理模式中，也没有在人才培养过程中得到有效应用。

根据调研情况，我们提出了加速管理人才培养的思路，即企业通过研讨共创制定出装置管理模型和标准，依据模型萃取生产基地各装置的优秀管理经验和实践，然后通过训战结合的方式实施人才培养，最终形成一套完整的生产管理人才培养体系。

在这个项目实施思路中，有两个关键点：一个是装置管理方法论模型构建；另一个是训战结合的生产人才培养体系的建立。

## 装置管理方法论模型构建

构建装置管理方法论模型的目的是提高生产管理人才培养的有效性与针对性。这个道理非常简单明晰，那就是企业针对装置管理的真实场景与工作任务，给出行之有效的管理工具与方法，将复杂深奥的管理思想，化为可以学习的管理模型，从而加速装置管理人才的能力提升。

这个思路的难点在于如何构建这样一个装置管理方法论模型。方法论模型是对装置管理的实际问题、公司战略与文化，以及经典管理理论3个方面内容进行共同分析之后推导产出的。具体可以通过三步进行构建。

- 第一步是模型初构。在这个时期，通过对一线工作的调研访谈，企业对装置管理的现状进行诊断，还结合公司战略文化与外部经典管理理论，提出了装置管理模型基本架构，并通过召开由优秀装置经理及职能部门参加的模型共创工作坊，确认模型的基本框架，最终形成装置管理方法论模型 1.0 版本。

- 第二步是萃取共创。在模型 1.0 版本的基础上，企业将装置管理工作分解为具体的任务，并通过理论方法模型的共创建构、优秀管理经验案例的挖掘、优秀经验萃取工作坊 3 种方式，形成管理工作的具体方法、操作细节与案例，最终形成装置管理方法论模型 2.0 版本。

- 第三步是模型检验。在这个时期，企业就要将装置管理方法论模型在实际装置中试点推行，通过老师教授，装置经理做实施改进方案，在实际工作中落地执行。在这个过程中，企业要验证方法论的有效性，并迭代与优化方法论，补充最新的实践案例。

## 训战结合的培养方式

训战结合培养方式的要点在于以真实的工作团队作为学习团队，以真实的管理问题作为学习问题，以真实的工作场所作为学习场所，以真实的绩效目标作为学习目标。

因此，在做装置管理人才发展项目设计时，企业就应当以装置管理团队为基本学习团队，以装置绩效提升、管理改善为基本学习目标。在学习过程中，企业从解决装置自身的管理问题出发，通过装置管理方法论的学习与借鉴，拿出具体方案并落地实施，达成绩效。

训战结合的学习项目主要有 3 个环节，分别是培训、实践及评估。

- 培训。培训环节的主要内容是教授装置管理方法论，并根据装置的实际情况，选择管理改进主题，制订管理提升的方案。在培训环节，知识讲授只是一部分，基于装置实际的改善计划才是重点。这就需要对装置管理情况进行诊断，企业要基于管理问题拿出解决方案，并对其进行评估与优化，形成落地的行动计划。

- 实践。实践环节的目标是执行培训环节管理改进方案，力争取得实效。这里的实践并非是简单的执行，而是在实践过程中对方案的优化迭代。管理改进方案需要在实践中被验证，企业根据实践落地情况的信息反馈，进行反思、复盘与优化，最后形成被验证过的方案与管理新知。在这个过程中，管理能力得到提升，管理共识被达成。

- 评估。在训战结合学习项目中，管理人才的评估与选拔是项目的一个重要的组成部分。训战结合的学习项目本身就是一个舞台，它可以给管理人才充分展现自己的创新思维与问题解决能力的机会。在实战中，通过实际业绩的提升，员工能更清楚地展现实际管理组织的能力。通过项目的总结汇报，企业可以观察员工的总结归纳能力、逻辑思维能力。因此，项目本身具备对管理人才的评估与选拔的作用。评估环节的存在，也能激发员工对学习项目的参与感与对学习的主动性。

## 场景6：跨业务线的协同

企业内部往往具备多个业务线与部门，不同部门之间有部门墙，业务部门之间往往缺乏协同。在具体的业务运作时，多个部门的业务人员重复拜访同一个客户的情况时有发生，优势业务部门的客户资源难以在部门间共享的问题也比较突出。如何实现多业务部门的协同效应是业务负责人需要关心的重要问题。多业务部门协同效应难以实现的关键原因有以下3点。

- 一是组织架构问题。组织架构设计是以产品为中心的，而非是以客户为中心，这就导致多业务线都是以自己产品的推广为重点，不能站在客户角度，提供整体解决方案，创造价值。

- 二是组织机制问题。不同业务部门都有自己的KPI考核，各部门自然不会对与自身绩效目标无关的事情有太多热情。

- 三是部门间协同不足。各业务部门平时缺乏坐在一起沟通探讨的机会，因此他们就难以发现共赢的解决方案。

组织架构的调整与组织机制的再造，显然不是学习部门能够决定的事情。学习部门可以通过建立跨部门的学习团队，加强跨部门沟通协作，共同探索与解决这一难题。具体方法有如下4个步骤。以平安金融管理学院所做的寿险客户的证券业务转化学习项目为例来进行说明。

### 定义学习主题

学习部门在设计项目之前应当提前调研访谈，发现可以使多业务部门协同的可行方向。如交叉销售的机会、特定客户场景下多业务线协同的机会、团队

**赋能业务** EMPOWER YOUR BUSINESS

协作提高效率降低成本的机会。通过调研诊断，学习部门提出学习主题与目标，并与业务部门负责人探讨确认。在这个阶段，难点是学习部门缺乏对协同机会的业务洞察力。

平安集团是一家综合金融集团，寿险无疑是该集团的支柱业务，无论是从业务体量还是服务客户数量上，寿险都是集团内的重要部门。如何利用寿险优势业务，发展平安证券等新兴业务？这是一个真实的、如成功解决将收益巨大的课题。

## 确定参与学员

在清晰定义了学习主题之后，企业就要进入共创环节。在此之前，需要根据共创主题精挑细选出参与学员。他们不仅需要掌握方案共创的基本知识，还需要具备相应职权，能够推进方案落地。

在平安寿险证券业务交叉销售学习项目中，平安金融管理学院遴选了10多位平安寿险省公司的总经理作为骨干学员，他们对寿险客户非常熟悉，也具备落地推进方案的职权。

## 设计共创工作坊

在设计方案共创工作坊时，企业可以将协同的大主题分解成可以研讨的子主题，并补充相关的知识、工具与案例，设计引导共创方式，定义产出成果。

在平安项目中，学习是从平安集团战略展开的，学习部门让学员认识到集团内部业务协同是极其重要的战略主题，从而提高寿险员工对该项目的重视度。具体研讨内容可以分解为寿险客户需求分析、产品组合设计、交叉销售推广策略，以及交叉销售激励机制等子主题。在学习研讨过程中，学习部门还请平安证券的首席执行官讲解证券业务，为员工补充相应的产品知识，并请证券公司的业务专家做课题辅导人，在员工研讨方案时为他们提供辅导与支持。

### 落地达成绩效

共创工作坊产出的方案是需要在实际工作中落地并产生绩效的。在这个过程中，学习部门可以设计辅导跟进环节，在项目结束时对其进行经验总结与知识经验萃取。

平安金融管理学院的寿险证券交叉销售学习项目是非常成功的。在项目实施周期结束后，平安证券的新增业务量的 50% 以上来自平安寿险的客户。

## 场景 7：业务团队文化凝聚力建设

业务团队容易出现的问题是过度关注业绩达成，而忽视了团队凝聚与人的发展。在这种情况下，高绩效业务骨干容易流失，团队内部易出现矛盾冲突，业务团队战斗力会表现出不足。业务团队发生这些问题的根本原因在于团队缺乏信念与价值观的支撑。这样的团队仅靠物质刺激而凝聚，一旦物质无法满足员工欲望，团队就会崩溃。

如何解决上述难点问题呢？答案是企业应以文化引领团队，建设一支有价值观与信念的高凝聚力队伍。然而，在业务团队的文化落地实践中，文化常常是被挂在墙上，而不是落在地上。仔细分析，其原因无非是以下几点。

- 一是业务团队对文化没有深层次的理解。大多数业务负责人通常以完成业绩为重,轻视或忽视文化。我曾访谈一家企业的业务团队,他们就将文化落地工作交给一个基层员工,仅仅让他做些报表统计与宣传报道工作。

- 二是业务团队对文化价值观的信念不足。文化价值观仅仅停留在墙上,并没有走入员工的心中。企业要让员工相信这种文化,并将文化价值观转化为员工自身的信念。否则,团队难以形成共同价值观与愿景,无法产生真正的凝聚力。

- 三是组织使命和文化没有与员工个人发展目标相结合。许多企业强调员工对组织的忠诚,误认为文化工作就是用组织文化给员工洗脑。然而,新生代员工以实现自我为目标,这样的植入式的文化建设方式难以获得他们的认同,因此团队的能量与活力也就无法得到激发。

- 四是文化价值观没有在员工行为中得到体现。文化价值观只有转化为员工行为,进而形成团队整体协同的习惯,才能产生实效。在实际工作中,管理制度只能规范部分情景,大部分的情景是需要文化阐释的。例如,面对难点问题时,解决问题的方式是领导决策、员工执行,还是民主决策、集体共创?

那么,学习部门应当从提高业务团队负责人的文化认知入手,帮助文化在业务团队落地,来解决上述问题。如果负责人的认知水平不到位,将文化视为可有可无的东西,那么,文化引领将沦为一句空话。

余秋雨将文化定义为精神价值与生活方式,以及最终形成的集体人格。方太茅忠群将文化定义为一个企业及全体员工的精神价值与生活方式，以及所形成的能量场。

文化究竟是什么？文化对业务的作用是什么？文化是一个团体共同的精神价值观，以及因此而产生的行为、习惯与能量。文化即业务，好的文化能够塑造团队的凝聚力与战斗力，进而提升业务绩效水平。当业务团队管理者对文化的认知与作用达成共识之后，企业就可以从知、信、行、能 4 个方面入手，让文化进入员工心中，业务团队的战斗力就得以提升了。

## 知：知道与理解

文化引领的第一个目标就是知道并理解。学习部门可以在文化学习与宣讲、文化故事萃取与传播、业务团队文化共创与建设 3 个方面，助力阶段目标实现。

- 文化宣贯：学习部门通过组织文化学习活动，传播组织文化。学习部门需要慎重选择学习形式，尽量不要采取自上而下的单向灌输，而是运用研讨及文化工作坊等形式，让员工自发地分享、交流与学习。

- 文化故事：对文化阐释与传播极其有效的一个方式就是文化故事。学习部门通过萃取提炼业务团队工作中发生的文化事迹，编写与传播文化故事，使员工加深对文化的理解与认同。

- 团队文化：在企业文化的大背景下，业务团队也可以形成自身的团队文化。学习部门可以帮助业务团队共创研讨团队文化，整理文化价值观的呈现方式，规划业务团队文化的阐释演绎。

## 信：相信与信念

文化落地的第二阶段是入心的阶段，这个阶段的目标是让员工发自内心地相信文化，并在内心里形成不可动摇的信念。学习部门可以通过组织正念反思会、团队读书共修等活动，帮助员工打开内心，对文化价值观产生深度认同。

- 正念反思会：通过组织团队正念活动，学习部门帮助团队成员敞开内心，让团队成员就文化主题进行交流，使其深层次理解并建立共同价值观。

- 团队读书共修：学习部门安排与文化相关的经典著作共读活动。团队成员可以在线上学习平台打卡，分章节讲解图书内容，并结合自身的工作撰写反思与读书笔记，相互学习交流。

## 行：践行与验证

文化落地的最终目标是知行合一，员工要在行动中践行文化，并深度认同文化，使文化对业务绩效产生正向作用。在推动文化落地时，可以借助标杆人物与文化仪式。

- 标杆人物：推动员工践行文化的一个有效方法，是树立文化标杆人物。模范的力量是强大的，通过文化的人格化表现，员工可以看清如何将文化融入行为，进而产生学习与模仿的想法。

- 文化仪式：仪式的本质是行为的戏剧化表现。通过设计与组织文化仪式，厘清文化主要行为表现，员工的践行文化行为的意识得到加强。

## 能：赋能与活力

文化的作用是营造业务团队的能量场，形成团队战斗力。因此，企业就需要利用文化赋能团队，激发团队的活力。我在《赋能团队》中，提出了 3 个激发团队活力的方法：点燃、熔炼与铸成。

- 点燃：点燃是指企业针对团队中的个体，点燃并唤醒每一名员工的使命感，让他在事业平台上找到人生意义，激发出能量。

- 熔炼：熔炼是指企业让团队中的个体相互连接，产生熟悉感、信任感与亲密感，形成团队凝聚力，将个体的能量聚合在一起。

- 铸成：铸成是指共启愿景，企业将个体自我发展的能量与组织的使命愿景相结合，产生整体超越个体叠加的能量场。

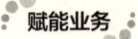

赋能业务　EMPOWER YOUR BUSINESS

**赋能业务清单**

1. 赋能业务的 7 大应用场景：

● 从 0 到 1 的业务创新。

● 战略落地与目标管理。

● 业务拓展与客户赋能。

● 赋能营销前台。

● 业务人才能力建设。

● 跨业务线的协同。

● 业务团队文化凝聚力建设。

2. 在从 0 到 1 的业务创新场景中，企业可以规划认知、方案、验证的三步学习循环，助力业务。

3. 战略难以落地的原因有 3 点：共识未达成，目标不一致，落地缺方法。对此，学习部门可以从两个方面帮助业务部门解决战略落地与目标管理的问题：战略解码工作坊及目标管理方法的导入。

4. 业务拓展与客户赋能，可以借鉴淘宝生态赋能团队的 4 个闭环：宣教闭环，业务漏斗闭环，链接、造场、赋能业务闭环，商家成长的闭环。

第 4 章　赋能业务的 7 大应用场景

5. 赋能营销前台可以从 5 个方面进行：前台能力发展、建立选拔舞台、实战中培养发展能力、业务模式与流程提炼、辅导机制建立。

6. 业务人才能力建设场景中，有两个关键点，一个是装置管理方法论模型的构建，另一个是训战结合的生产人才培养体系的建立。

7. 多业务部门协同效应难以实现的关键原因有 3 点：组织架构问题、组织机制问题、部门间协同不足。

学习部门可以通过建立跨部门的学习团队，加强跨部门沟通协作，共同探索与解决这一难题。具体方法有 4 个步骤：定义学习主题、确定参与学员、设计共创工作坊、落地达成绩效。

8. 当业务团队管理者对文化的认知与作用达成共识之后，企业就可以从知、信、行、能 4 个方面入手，让文化进入员工心中，提升业务团队的战斗力。

第 5 章
# 赋能业务的学习
# 三支柱

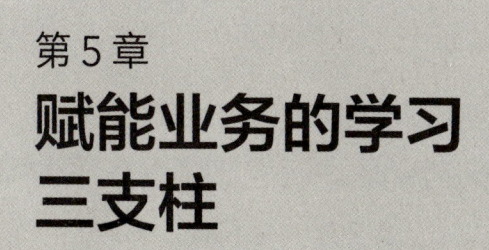

# 重新定位学习部门

学习部门的全新价值定位，是对传统培训学习部门人才发展价值定位的升维。这无疑会对学习型组织建设发挥巨大作用。然而，传统培训学习部门的组织定位，并不支持上述价值的升维，主要体现在以下 3 个方面。

## 没有相应的职权与资源

大部分学习部门是隶属于人力资源部的子部门，定位于人力资源"选、育、用、留"中的育，从事着新员工培训、专业族群培训、领导梯队建设等具体工作。

近年来，许多企业将培训学习职能从人力资源部独立出来，成立以人才发展为核心定位的专设企业学习机构。这类专设企业学习机构大多是以岗位能力模型与学习地图为指导，建设课程体系，发展内训师团队，运营学习项目，建设线上学习系统。

无论是隶属于人力资源部下的培训部门还是独立于人力资源部的企业培训机构，两者都没有被赋予战略创新、业务赋能、组织能力发展与知识经营的职权，也不享有相应的预算及人员配置等资源。企业学习已经成为组织战略层面的关键事项，然而，大部分企业学习负责人还仅仅是部门级经理，甚至是子部门经理，这样的组织设置显然无法与学习为组织赋能的全新定位相匹配。

## 与业务部门缺乏深度协同

传统培训学习部门是典型的职能部门，与业务部门之间存在着部门墙。传统培训部门是费用部门，企业会根据人才发展的数量、课程交付量、培训效果等软性指标对其进行考核。而业务部门是经营部门，企业根据 KPI 硬性指标对其进行考核。由于部门墙的存在，培训部门并不了解业务部门的问题与痛点。为了完成培训任务，培训部门会招募业务部门的员工参加浮于表面的课程与培训项目。这就会让学员的工作与学习产生冲突，导致业务部门与培训学习部门的矛盾。

## 不具备相应能力

传统培训部门主要围绕人才发展开展课程建设、师资培养、培训项目运营等工作。培训部门主要由负责运营的培训经理及负责授课的内训师组成。然而，学习要想赋能组织与业务，单纯依靠授课是不解决问题的。学习部门需要深刻洞察业务痛点，设计促进产品创新与业绩提升的学习项目，开发并迭代有针对性的学习内容，策划组织能力提升途径，以及加快企业文化落地等。显然，传统培训部门并不具备完成这些任务所需要的能力。

# 构建赋能业务的学习三支柱

根据企业学习的全新价值定位，学习部门需要重构学习的组织架构与职能。我认为，学习要想有效发挥作用，赋能组织与业务，需要具有三项必不可少的职能，分别是学习决策、学习运营和学习业务赋能。这三项职能分别由学习决策中心、学习运营中心及学习业务合作伙伴 3 个机构承担。

**赋能业务** EMPOWER YOUR BUSINESS

- 学习决策中心是企业学习的决策与专家中心，为业务部门提供专业咨询与学习方案。学习决策中心代表着学习的高度。企业学习要上承战略，学习部门需要站在组织的高度，从组织战略出发，面向业务核心痛点，识别组织变革与能力发展的关键点，据此规划企业学习战略与关键方针、政策与原则，规划年度学习关键目标、举措与计划预算。学习决策中心还是企业学习的赋能专家中心，按照学习赋能组织与业务的不同功能，可以下设人才发展、组织文化、敏捷创新、知识经营等不同部门。

- 学习运营中心是企业学习的行政服务中心、资源中心，负责企业学习的基本运营工作，为业务部门提供学习运营服务。学习运营中心主要具有学习项目的组织与运营、师资库的建设与发展、在线学习系统的维护等基本功能。

- 学习业务合作伙伴是深入业务一线，了解业务实际，并直接服务业务部门的学习专家。学习业务合作伙伴要深入到业务部门内部，参与业务部门的各项会议，扮演业务部门的教练角色。学习业务合作伙伴还要深入发掘业务部门的学习需求与问题，找到使学习赋能业务部门的契机，运用学习的方法协助业务部门建设组织能力，解决业务痛点问题。

学习决策中心、学习运营中心和学习业务合作伙伴相互配合，形成一个稳固的铁三角，共同支撑起企业学习的全新价值定位（见图5-1）。

- 学习决策中心是企业学习体系的决策者与学习方案的设计者。一方面，学习决策中心对学习战略及方针进行决策，并协助学习运

第 5 章　赋能业务的学习三支柱

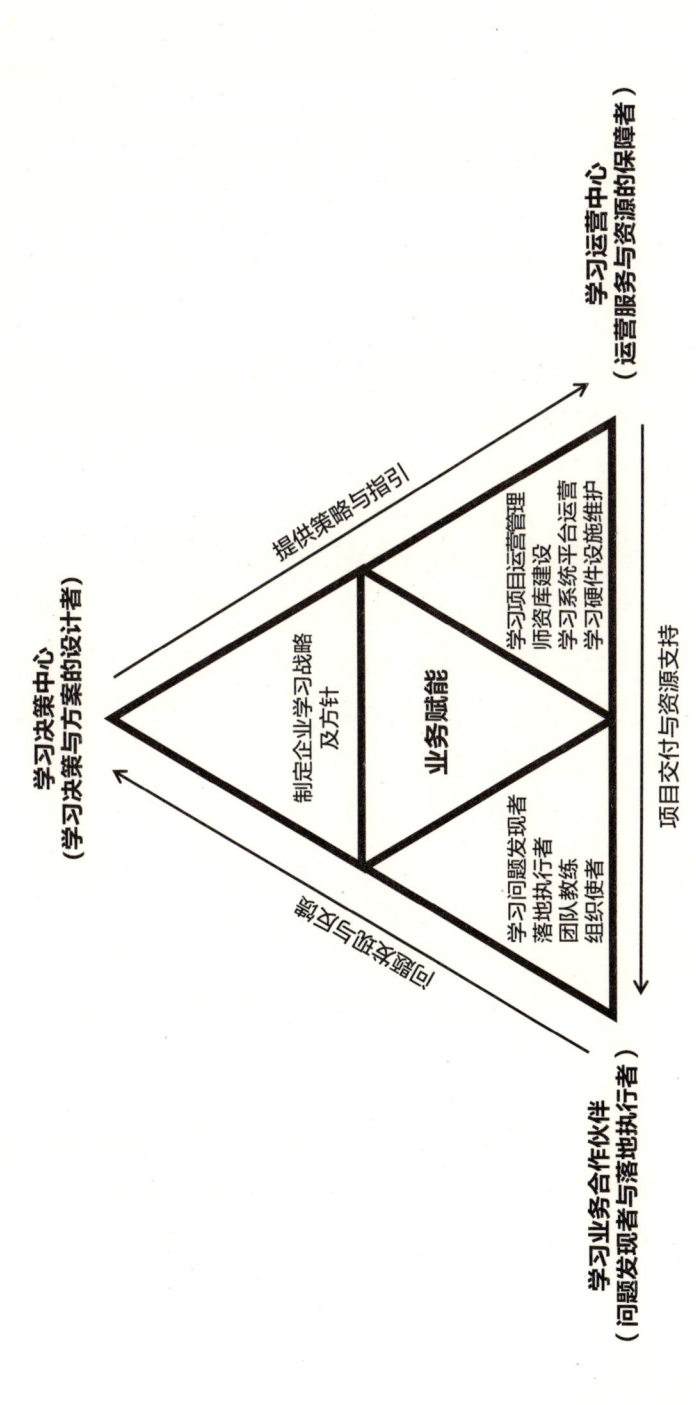

图 5-1　赋能业务的企业学习三支柱组织模型

**赋能业务** EMPOWER YOUR BUSINESS

营中心与学习业务合作伙伴落实关键举措；另一方面，学习决策中心还需要对接业务部门的需求，设计学习项目等学习方案，成为业务部门的咨询顾问。

- 学习运营中心是学习体系落地的服务者与资源方。学习运营中心负责执行学习决策中心的学习战略与计划、建设师资库、维护教学场地及硬件、完善在线学习系统等。此外，学习运营中心还要根据学习决策中心的设计方案，与学习业务合作伙伴合作，为业务部门提供具体的学习运营服务。

- 学习业务合作伙伴是学习问题的发现者与执行者。当学习业务合作伙伴发现学习赋能业务部门的机会，却感觉自己没有专业能力把握该机会时，学习部门可以申请将该机会提交给学习决策中心专家，并由其去设计方案，同时配合学习运营中心具体执行学习方案，确保学习效果。

## 学习决策中心

学习决策中心是企业学习的最高决策机构，承担起制定企业学习战略及方针的职能。同时，学习决策中心还是专家中心，负责为业务部门提供学习方案及咨询支持。

学习决策中心的决策中枢是学习委员会。建设学习型组织是战略级的要务，因此，学习委员会应该由最高管理层组成，由首席执行官亲自担任学习委员会主席。委员会共同对学习战略及年度学习目标与计划预算进行决策。

在委员会中，企业应当设首席学习官，并由他承担起企业学习战略与关键举措的具体实施、学习方针的落实，以及企业学习的常规运营等工作。鉴于学习在组织中的重要地位，以及学习部门需要掌握的权限与资源，企业中的首席学习官应当进入最高管理层，拥有企业副总裁的地位。

学习委员会具体由以下三类人组成：一是业务部门的负责人，二是相关职能部门的负责人，三是外部学习专家。

学习委员会以定期召开会议的方式运行。首席学习官负责提前准备学习方针、学习战略、年度学习计划及预算等文件，并提交委员会进行审核。委员会专家从战略、业务、组织、文化、专业等视角对提报方案进行审核，并提出修改意见。会后，方案经过首席学习官修改，由学习委员会主席（首席执行官）最终确认。

学习委员会起到以下 4 个作用：一是确保企业学习能够承接组织战略，使其在战略创新与落地等方面发挥作用；二是能发现业务部门的核心问题，获得业务部门负责人的支持；三是获得如人力资源等相关职能部门的配合与支持；四是得到外部学习专家的指导，获得外部标杆经验与理论支持，确保学习方案的专业性。

学习决策中心还下设专家咨询机构，根据学习赋能业务的功能差异设立不同的中心。

- 人才发展中心。人才发展是企业人力资源部门的传统且成熟的功能，人才发展中心的具体工作可以包括新员工培养、专业族群培训、领导梯队建设等。企业还可以将人才发展测评功能纳入这个模块中。

- 组织文化中心。组织文化中心的重点工作在于文化建设与组织发展，其主要功能包括两种：一是企业文化落地，运用学习方法建设并落地企业文化；二是组织能力发展，运用学习方法助力部门协同、流程优化及组织变革。

- 敏捷创新中心。敏捷创新中心是用学习方法赋能业务，助力组织创新的机构。具体创新领域包括业务产品创新、业务模式创新、业务绩效提升技术创新、管理创新等。敏捷创新中心要围绕企业创新目标，运用敏捷共创等学习方法论，启动与运营业务绩效提升项目及创新学习项目。

- 知识经营中心。知识经营中心是组织知识的经营机构，它具体承担三项职能。一是知识开发与萃取。学习部门萃取组织经验，并结合外部知识，开发适用于组织的知识体系。二是知识存储与管理。学习部门建设企业知识库，将知识分类编码存储。三是知识的应用与传播。学习部门将知识开发成课程、工具方法，在组织内部学习与应用。

## 学习运营中心

学习运营中心是企业学习的服务机构与资源中心，承担企业学习关键举措与计划的落地执行的职能，也是学习共享服务平台，支撑学习项目方案的落地工作。具体包括学习项目运营管理、师资库建设、学习系统平台运营，以及学习硬件设施维护等职能。学习运营中心需要建立一支高效的运营团队，承担这些职能任务。

- 学习项目运营管理。学习运营中心负责学习项目的具体运营工作。学习项目方案的设计通常由学习决策中心负责，而学习运营中心则具体负责学习项目方案的执行。主要包括：学习项目的招生组织、师资对接、教室安排、物料准备、宣传推广、团队建设等行政服务与运营工作。

- 师资库建设。学习运营中心负责学习体系师资库的建设，这部分工作可以被细分为两个部分。一是内训师师资库的建设。这就需要学习运营中心根据学习决策中心的师资要求，建立内训师的招募、培养与激励机制，发展业务负责人的授课、教练与引导技能。二是外部师资库的建设。学习运营中心根据学习赋能业务体系的要求，寻找合适的业务专家、学习专家，对内部学习赋能业务进行支撑。

- 学习系统平台运营。在线学习是企业学习的大势所趋，也是重要手段。学习运营中心应当对接在线学习平台供应商，提出在线学习需求，构建在线学习系统，并持续迭代学习系统，满足学习发展的最新需要。此外，学习运营中心还应主导在线学习平台的应用，负责对相关学员及业务部门的培训，设立相应的在线学习游戏化激励机制。

- 学习硬件设施维护。学习运营中心还应当创造一个良好的学习环境与氛围，具体负责教室、投影、照明、桌椅等学习硬件的维护与更新，提供餐饮、茶歇等后勤服务，为学员创造良好的学习环境。

**赋能业务** EMPOWER YOUR BUSINESS

## 学习业务合作伙伴

　　学习业务合作伙伴是业务的赋能者，承担用学习的方法赋能业务的重任，在业务部门具体扮演 4 个角色。一是学习问题的发现者，发现业务部门的痛点问题，并向学习决策中心专家反馈信息。二是落地执行者，执行学习方案，用学习方法解决业务部门痛点问题，帮助业务绩效提升。三是团队教练，负责业务团队建设、专业能力发展。四是组织使者，负责将组织战略与文化传递到业务部门，使其在业务部门扎根落地。

- 学习问题发现者。学习业务合作伙伴应当扮演问题发现者的角色。该角色应承担的职能包括：参加业务部门日常工作会议、走访业务一线、了解当前业务的发展重点、洞察与诊断业务存在的痛点问题。问题发现者要用学习的视角审视这些问题，发现学习赋能业务的契机，整理学习需求信息，向学习决策中心反馈与汇报。

- 落地执行者。学习业务合作伙伴还应当扮演落地执行者的角色。该角色的具体职责包括：根据学习决策中心设计的学习解决方案，取得学习运营中心支持，并在业务部门具体落地。例如，落地执行者组织专题共创工作坊，汇集公司内外部专家、员工、客户的智慧，群策群力产出创新解决方案，并将之变为可持续落地的学习项目，使该项目在落地实践中突破业务瓶颈，提升业务绩效，帮助企业萃取提炼优秀业务经验。

- 团队教练。学习业务合作伙伴还应当扮演业务团队的教练角色。该角色的具体职责包括：一方面，在帮助业务发展的同时，团队教练注重业务团队的建设，关注"事"背后"人"的因素。团队教练可以运用学习的方法进行团队建设，激励团队士气，形成团队凝聚力，例如团队反思会、团队共修会、团队复盘会、业务竞赛及表彰、业务标杆树立与宣传等。另一方面，团队教练要帮助业务团队提升能力，运用课程、带教、师徒制、工作坊等手段，帮助员工掌握业务知识，发展业务技能。

- 组织使者。学习业务合作伙伴还是组织的使者，能够将公司战略与文化在业务团队中落地。公司战略要得到有效落地，就要做到上下同欲，前线业务团队要充分理解公司战略，能够将战略转化为自身的行动。在这个过程中，学习业务合作伙伴可以设计实施战略解码工作坊进行推动。组织文化不能挂在墙上，而应当落实到业务团队每个人的心中，表现在业务团队的行为上。学习在改变人的态度、树立人的信念和价值观方面能够发挥重要作用。

## 学习三支柱与组织其他部门的关系

学习三支柱并非是孤立的，而是构成组织系统整体的一个组成部分，这就需要界定清楚学习三支柱与组织中其他部门的关系。

### 学习三支柱与业务部门的关系

学习三支柱是赋能业务的学习组织，因此，我们首先就应当界定清楚学习三支柱与业务部门的关系。

## 赋能业务　EMPOWER YOUR BUSINESS

传统培训部门与业务部门之间更像是客户关系，业务部门是甲方，培训部门是乙方，乙方为甲方培养人才，甲方支付培训费用。甲乙双方之间是存在边界的，是服务与被服务的关系。

学习三支柱与业务部门是伙伴关系。两者应当在学习赋能业务的过程中相互配合、共同推动并达成目标。在这个过程中，学习三支柱主要扮演赋能者的角色，而业务部门则扮演操盘手的角色。

学习三支柱是赋能者，在推动学习赋能业务的过程中，运用掌握的学习与咨询技术工具，搭建学习平台、设计学习项目、萃取知识经验、构建学习机制、创造学习环境。学习三支柱还帮助业务部门达成业务目标，解决业务问题。在这个过程中，学习三支柱是学习资源、学习专家、学习服务的提供者。

业务部门是操盘手。业务部门是业务学习的实际担当者与推动者，是第一责任人。它应当在规划业务学习目标、推动与实施业务学习项目等方面担当主导者的角色，也是业务学习效果评估的主要受益人与责任人。

在学习三支柱赋能业务的过程中，学习部门要切记不能越界，不要扮演主导者与操盘手的角色。主要原因是业务学习项目的主要目标是业务发展，因此在推动项目的过程中业务部门要运用业务职权，给予业务资源。显然，学习部门是不掌握这些职权与资源的。如果学习部门扮演主导者的角色，这就会导致职权越界，引发业务部门的反感、抵触与不配合，项目也就无法得到有效落地实施。

因此，学习三支柱应当扮演赋能者与服务者的角色。如果把赋能业务的学习比喻成一出戏剧，那么学习三支柱是编剧与导演，真正的主角与明星是业务部门。

## 学习三支柱与 HR 部门的关系

传统培训部门是人力资源部门下的子部门。根据企业学习的重新定位，企业应当成立学习三支柱组织架构。根据不同企业的情况，企业有两种学习组织模式可供选择。

- 第一种：企业单独成立学习三支柱机构，将学习职能从 HR 职能中分离出来。这种模式一般适用于有条件的大型企业。企业学习机构校长由首席执行官兼任，企业学习机构执行校长就是公司首席学习官。

- 第二种：企业建立学习三支柱的基本组织架构，让 HR 三支柱与学习三支柱相互配合。这个方案中的组织更加精炼。人力资源副总裁可以兼任公司首席学习官，同时领导人力资源部门与学习部门。

无论上述哪一种情况，人力资源部门与学习部门都要成为紧密协同的合作伙伴。协同主要体现在以下几个方面。

- **人才发展与人才选拔、人才使用的协同**。在设计人才发展学习项目时，学习部门可以与人力资源部门协作，将学习过程对人才的考评设计进去，将学习考评结果与人才的选拔任用相结合。这样做，不仅可以帮助人力资源部门更加精准地选拔人才，还能够帮助学习部门建立学习激励机制，提升员工参与度与积极性。

- **业务赋能的协同**。在人力资源三支柱中，人力资源业务合作伙伴（Human Resources Business Partner，HRBP）深入业务部门，在人力资源方面服务与赋能业务部门。在学习三支柱架构中，学习业务合作伙伴扮演着与人力资源业务合作伙伴类似的角色，用学习方法支持与赋能业务部门。人力资源业务合作伙伴与学习业务合作伙伴在具体开展业务的过程中，可以紧密合作，共同推进。

- **组织发展方面的协同**。学习部门可以运用学习的方法助力组织发展、组织能力的提升、组织文化的建设、组织架构与流程的调整与优化。在这个过程中，HR部门与学习部门需要紧密协作。

## "三台"组织架构下的学习三支柱

当下，赋能敏捷组织发展成为潮流。为了让组织更加敏捷，越来越多的企业在探索前中后三台的组织架构。

在前中后三台组织架构下，前台是以用户需求为中心，持续经营的业务型团队。这些团队是赋能型团队，被充分授权，围绕用户需求持续经营。中台是运营服务赋能平台，为前台的经营提供炮火支援，在资金、信息、产品、人才等方面提供支持。后台是治理赋能体系，在文化、战略、组织、研发等方面把握组织的长期方向。前中后三台不是传统组织的上下结构，而是前后结构，前中后三台围绕用户共同协作、创造价值。

在前中后三台组织架构中，学习三支柱能够发挥重要的作用。在学习三支柱中，学习业务合作伙伴部署在前台。前台的特点是灵活多变，需要一支自我驱动、创新共识与敏捷进化的团队。因此，学习业务合作伙伴主要有3个重要任务：一是打造自我驱动的团队，激发与点燃团队成员的能量，唤起团队成员的主人翁意识；二是当面临瓶颈难题时，通过学习共创的方法，团队实现创新突破；三是帮助团队不断学习，实现认知升级，成为一支学习型的敏捷进化团队。

学习运营中心部署在中台，其主要作用是运用学习的方法赋能前台团队。学习运营中心有两项主要任务。一是业务模式提炼。通过对前台业务团队经营的总结分析，学习运营中心萃取提炼共性的经验与方法，形成可以推广复制的业务模式与打法，并通过学习推广提高前台所有业务团队的整体效率。二是创新探索。学习运营中心围绕前台业务团队的共性问题，通过引入外部专家、导入标杆游学及开展研究等方法，通过内外结合的共创和实践落地验证的方式，帮助企业实现对创新问题的探索。

学习决策中心部署在后台。其主要作用在于助力组织把握战略方向，建设健康的文化土壤。学习决策中心的主要任务有三点：首先，应当协助组织规划战略方向，在经营的动态过程中不断迭代调整企业战略；其次，应当根据组织战略要求，规划学习子战略，明确学习的主要赋能点；最后，还需要帮助企业进行文化价值观的提炼，通过学习运营中心及学习业务合作伙伴，将文化在组织一线落地。

## 学习三支柱的组织能力升级

学习三支柱要完成自己的使命，为组织创造价值，就需要自身组织能力的重新定位与升维。这无疑是一个重大挑战。

2015年在宝钢举行的"中国企业大学百人会"的共创沙龙上，时任招银大学执行校长罗开位分享了他的成功秘诀。他表示，招银大学之所以能够受到分支行等业务部门欢迎，获得业务部门的支持与肯定，是因为它依靠专家团队为分支行设计了大量卓有成效的学习项目。这些专家不但熟悉银行业务，掌握学习技术，还具备咨询顾问能力。

| 赋能业务　EMPOWER YOUR BUSINESS

传统培训部门转型为学习三支柱的最大难点与关键点，就是学习部门自身全新组织能力的打造。传统培训部门的主要定位是以知识传授为主的人才发展，因此，它具备基本的运营能力、教务能力与课程体系搭建能力就足够了。学习三支柱的定位是赋能业务与组织，这就决定了学习三支柱自身能力建设的方向，是加强其用学习的方法赋能的能力。具体来说，就是赋能业务、赋能战略、赋能组织、赋能员工、赋能生态的能力。

从学习三支柱组织的角度来分析，企业可以通过利用学习决策中心、学习运营中心、学习业务合作伙伴 3 个子机构来分解构建能力模型（见图 5-2）。

**学习决策中心**
战略规划能力
经营能力
变革能力
学习设计能力
知识开发与经营能力
文化传承能力
敏捷创新能力
人才发展能力

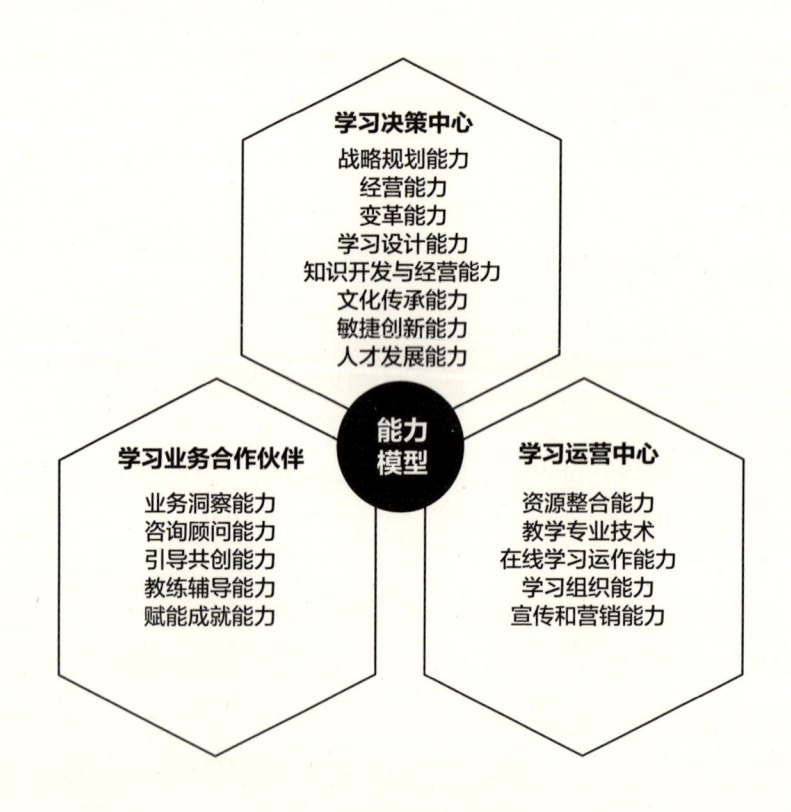

**能力模型**

**学习业务合作伙伴**
业务洞察能力
咨询顾问能力
引导共创能力
教练辅导能力
赋能成就能力

**学习运营中心**
资源整合能力
教学专业技术
在线学习运作能力
学习组织能力
宣传和营销能力

图 5-2　学习三支柱的能力模型

## 学习决策中心

学习决策中心的任务是上承战略，下接绩效，站在组织战略高度规划学习子战略与年度目标与计划。学习决策中心还是专家中心与咨询中心，为业务部门提供学习方案。这就需要学习决策中心具有以下能力。

- 战略规划能力。学习决策中心必须能够充分理解企业战略，识别企业战略落地过程中的关键挑战与难题，从而锁定学习发力的关键任务。此外，学习是确保组织持续发展与进化的关键子战略，因此，学习决策中心还需要有能力从长远的视角规划学习子战略，确定发展目标、明确策略、规划组织、匹配资源。

- 经营能力。企业学习要从客户出发，服务于经营与业务。学习工作本身就具有了经营业务属性。因此，学习决策中心需要从经营视角思考企业学习，评估学习创造价值的实际成果，计算学习投入产出比（Return On Investment，ROI）。此外，对于一些赋能生态的外向型企业学习组织来说，其本身就是一个经营体，属于利润中心，这就更需要企业具备从客户开拓、产品研发、到运营交付的经营能力。

- 变革能力。在 VUCA 时代，企业变革已经成为常态。它从过去的一次性飞跃，逐步演变为持续的、渐进的推进过程。学习决策中心需要精通变革方法论，熟悉如何在变革中运用学习的方法达成共识、升级组织心智、进行组织动员和协同。

- 学习设计能力。学习决策中心必须成为学习方法论的专家。学习部门要透彻理解学习的本质，明晰学习的目标、使命与价值创造，掌握行动学习、敏捷共创、知识萃取、内容开发等最前沿的学习理论与技术工具。学习部门还要能够洞察学习赋能业务的最佳契机，将业务与学习相互融合，设计与规划学习赋能业务的最佳方案，实现学习模式的创新。

- 知识开发与经营能力。知识经营是学习部门的核心职责。这就需要经验萃取、课程开发能力。一方面，学习部门需要将组织中优秀业务专家的隐性知识萃取出来，以问题为导向，形成可以复制推广的显性知识。另一方面，学习决策中心需要具备课程开发与迭代的能力，将隐性知识与外部标杆经验结合，开发针对业务场景的定制化课程。

- 文化传承能力。学习决策中心需要具备将组织文化落地的能力。这就要学习部门掌握组织文化的内涵，理解文化从打造理念到塑造行为、习惯，进而形成组织人格的过程。学习部门要掌握文化形成过程的主要工具与方法，能够帮助组织提炼组织文化价值观，阐释文化价值观，并能够有效运用文化落地的工具方法，让组织文化深入人心。

- 敏捷创新能力。学习决策中心还需要具备敏捷创新能力，围绕业务部门的创新议题，组建被充分授权的创新团队。学习部门要熟悉问题洞察、跨域共创、迭代落地等敏捷创新的工具方法。学习部门还要掌握创新方法论，能够设计实施创新项目，助力业务部门问题的创新突破。

- 人才发展能力。人才发展是传统培训的基本职能，这需要学习部门具备人才选拔与人才发展的能力。具体包括人才评鉴能力、领导力发展能力、学习项目设计能力等。学习部门要能够帮助组织构建人才发展梯队，设计高潜力人才发展项目，并要能够有效掌握领导力发展技术与方法。

## 学习运营中心

学习运营中心是行政中心、服务中心和资源中心，是学习三支柱的核心部门，需要拥有以下能力。

- 资源整合能力。学习运营中心应当有能力撬动企业内外部资源为学习所用。这些资源包括专家资源、硬件场地资源、学习参访资源等。对外，学习运营中心可以开展与大学、行业学习联盟等组织的合作，整合外部学习资源为组织所用。对内，学习运营中心可以开发内部师资与学习机会。

- 教学专业技术。学习运营中心需要掌握师资培训的专业技术与方法，如TTT方法、引导共创技术、课程开发技术等，有能力构建师资发展与培训的体系并推动落地执行。

- 在线学习运作能力。学习运营中心要掌握最前沿的互联网在线学习技术，熟悉移动互联网下的信息传递与获取方法，并创造性地将其应用到本组织的学习中。学习部门还要能够熟悉在线学习平台的运行与维护，掌握在线学习的特点，运用游戏化的学习激励机制，提高在线学习的日活跃率。

- 学习组织能力。学习运营中心还应该具备学习项目的组织运营能力。学习部门要能够高效开展学习班级的建立、通知、物料准

## 赋能业务 EMPOWER YOUR BUSINESS

备、食宿等行政服务工作。学习运营中心还应当熟悉学习团队的能量曲线，通过团建活动、读书分享会、学习复盘反思会、学习总结分享会等学员自组织的活动，提高学员团队的学习积极性、参与感与能量值。

- 宣传和营销能力。学习运营中心需要具备学习的动员与宣传能力，掌握宣传推广的技术与方法，如撰写在线宣传文章、编辑H5[①]页面、用公众号进行推广等。在重点学习项目的推动过程中，学习运营中心能够通过宣传简报、学习阶段成果分享会等形式，扩大学习成果在组织中的影响力。

## 学习业务合作伙伴

学习业务合作伙伴要深入业务一线，扮演问题发现者、落地执行者、团队教练与组织使者的角色，就需要培养自身的专业能力。这些能力远远超越了传统内训讲师的能力要求，总结归纳下来，有以下几项能力至关重要。

- 业务洞察能力。学习业务合作伙伴首先就应当是业务专家，掌握公司业务的全景图、熟悉客户旅程、以用户为中心思考问题。学习部门要能够洞察业务发展中的痛点问题，明确业务模式的创新突破点。学习业务合作伙伴应当熟练掌握业务术语与关键业务数据，与业务部门沟通毫无障碍。

---

[①] H5 指利用 HTML5 技术，融入文字动效、音频、视频、图片、图表、音乐、互动调查等各种媒体表现方式制作而成的 Web 页面，这样的页面形式更加适合阅读、展示、互动。——编者注

## 第5章　赋能业务的学习三支柱

- 咨询顾问能力。学习业务合作伙伴还需要设计与实施业务学习解决方案，这就需要学习部门总结提炼业务问题，开展访谈调研，设计业务创新和绩效提升学习项目，与业务部门共同管理与运营项目，最终达成项目目标。这些都要求学习业务合作伙伴不仅要掌握学习的各项技术方法，还需要具备管理咨询的专业技术方法，如构建提炼理论模型的能力等。

- 引导共创能力。在用学习的方法推动业务部门改善业绩、落地战略的过程中，学习业务合作伙伴的引导共创能力已经变得非常常见了。它的好处是整合集体智慧进行创新突破，同时让业务团队有参与感，更有承诺落地执行的勇气和信心。因此，学习业务合作伙伴应当掌握引导共创技术，能够根据业务议题设计共创工作坊，在实施现场扮演引导师的角色，与业务内容专家相互配合，获得创新突破效果。

- 教练辅导能力。学习业务合作伙伴要扮演好团队教练的角色，就应当具备教练辅导的能力。学习部门要能够帮助业务团队与个人确立成长目标、借事修人，在迎接业务挑战、达成业务目标的过程中，成就人、发展人。这就需要学习部门掌握领导力发展的基本知识与方法，在工作中运用专业技术方法辅导业务团队成员，助力团队及个人的成长。

- 赋能成就能力。学习业务合作伙伴要做组织使者，就应当找到自我生命使命，理解组织使命的人，从而成为一个能从组织中获取持久的心理动能与热诚的高能量的人。

赋能业务　EMPOWER YOUR BUSINESS

　　学习业务合作伙伴还应当是一个高度感性的人，能够具备同理心，拥有换位思考的能力，有利他与奉献精神。也因此，学习业务合作伙伴更愿意帮助他人，激发他人内心原本就有的能量，赋能与成就他人。

**赋能业务清单**

1. 赋能业务的学习三支柱：学习决策中心、学习运营中心、学习业务合作伙伴。

2. 学习决策中心是企业学习体系的决策者与学习方案设计者，是企业学习的决策与专家中心，为业务部门提供专业咨询与学习解决方案，代表着学习的高度。学习决策中心需要具备战略规划能力、经营能力、变革能力、学习设计能力、知识开发与经营能力、文化传承能力、敏捷创新能力、人才发展能力。

3. 学习运营中心是学习体系落地的服务者与资源方，是学习的行政服务中心、资源中心，为业务部门提供学习运营服务，代表着学习的宽度。学习运营中心需要具备资源整合能力、教学专业技术、在线学习运作能力、学习组织能力、宣传和营销能力。

4. 学习业务合作伙伴是学习问题的发现者与执行者，深入业务一线，了解业务实际，并直接服务业务部门，代表着学习的深度。学习业务合作伙伴需要具备业务洞察能力、咨询顾问能力、引导共创能力、教练辅导能力、赋能成就能力。

第二部分

# 构建赋能业务
# 方法金三角

第 6 章
# 赋能于人：
# 赋能业务的学习地图

## 赋能业务　EMPOWER YOUR BUSINESS

赋能业务的一个核心方法是通过赋能于人来赋能业务。那么，传统人才发展培训不也是从人的发展角度出发吗，为什么不能有效赋能业务呢？人才发展培训基于岗位胜任力模型构建学习地图，并在学习地图的指导下建设课程体系，为什么企业还需要构建赋能业务的学习地图呢？对此，一个形象的比喻是：旧的地图无法指导你探索全新的大陆。

我在一家企业调研时遇到的情况就具有普遍意义。企业业务负责人对业务培训很不满："培训课程内容不接地气，对业务没有帮助。实现业务指标的压力很大，业务骨干非常繁忙，参加培训纯属浪费时间。"

企业培训负责人也很委屈："我们已经构建起业务岗位胜任力模型，并根据模型中的能力项规划课程培训。比如，我们通过测评发现业务骨干执行力不足，就给他们上团队执行力课程；逻辑思维有差距，就给他们上结构化思维课程；沟通能力有问题，就上沟通类课程。这些安排是系统与科学的啊！"

从这个场景中我们可以看出，人才发展学习地图所规划的学习内容和课程，与业务场景相脱离，无法实现赋能业务的目的。事实上，学习地图的构建能够指导赋能业务的实践。体系化地构建起赋能业务的学习内容、方法与产品，对赋能业务的有效开展是具有重大意义的。

那么，赋能业务的学习地图与人才发展学习地图的区别在哪里？如何构建赋能业务的学习地图？这正是本章的重点。

第 6 章　赋能于人：赋能业务的学习地图

## 旧的学习地图无法指引你探索赋能业务的新大陆

人才发展学习地图的构建是从岗位胜任力模型开始的。企业先根据组织架构与岗位要求构建岗位胜任力模型，再依据岗位胜任力模型的能力指标，构建学习地图，建设课程体系和内训师体系。

那么，究竟什么是胜任力模型？戴维·麦克利兰（David McClelland）认为，胜任力模型是"一组相关的知识、态度和技能，它们影响个人工作的主要部分，与工作绩效相关，能够用可靠标准测量及通过培训和开发而改善"。美国心理学家 J. P. 吉尔福德（J. P. Guilford）则认为，"胜任力模型描绘了能够鉴别绩效优异者与绩效一般者的动机、特质、技能和能力，以及特定工作岗位或层级所要求的一组行为特征"。

由上我们可以看出，专家们的共识是，岗位胜任力模型是从能力与态度角度出发，对特定工作岗位胜任力的描述。基于岗位胜任力模型进行人才盘点，并以此为基础进行人才培养与发展方案的制定，这是人才发展培养的基本做法。

然而，基于岗位胜任力模型的注重人才发展与培养的学习，很难支撑企业业务的发展。这主要出于以下 5 个原因：

- **一是岗位胜任力模型与实际业务场景连接不紧密。**岗位胜任力模型的构建是从能力与态度的角度提炼具体能力项的，这些能力项往往会被抽象总结成战略思维、分析能力、创新能力、执行能力、沟通能力等细项。有趣的是，通过仔细分析不同行业中企业的胜任力模型，我们往往有似曾相识的感觉。这一现象说明，岗位胜任力模型很难体现出不同行业及企业的特殊性。比如，一家房地产公司和一家航空公司的总经理，他们的实际工作场景完全不同，需要完成的工作任务及要求也有巨大差异。如果这两者之间的岗位胜任力模型的差异不大，那么学习部门如何基于此推动赋能业务的学习发展呢？

- **二是基于岗位胜任力模型，学习部门难以产出针对性强的业务学习内容。** 由于岗位胜任力模型与岗位所面临的真实业务场景存在很大差距，如果从岗位胜任力模型中的能力指标出发，构建学习地图与课程体系，学习部门只能设计出通用性的学习内容，如创新课程、沟通课程、结构化思维课程等。虽然这些课程对发展学员思维与能力有一定帮助，但是很难针对学员的真实业务工作提供直接的指导与帮助。

- **三是岗位胜任力模型是静态的，无法适应业务动态性发展与变化。** 岗位胜任力模型是静态的，一旦构建完成，就是相对稳定与不变的。因此，以岗位胜任力模型为基础发展出的学习内容也是相对稳定不变的，这就与 VUCA 时代业务的动态发展要求产生矛盾。环境动荡变化，战略与业务就需要随之敏捷进化，全新的业务问题与学习需求就会不断产生。在这种情况下，期望以静态的岗位胜任力模型，以及据此发展出的学习地图与课程体系，去服务支撑动态发展的业务，无异于刻舟求剑。

- **四是从岗位胜任力模型出发的培训成果难以衡量，学习部门无法获得业务部门的支持。** 从岗位胜任力模型出发的学习培训的重点是发展人的能力。但是这种学习的转化是非常困难的，在从知识到能力、从能力再到绩效的每一步转化中，学习效果都会有折损。这就导致学习对业务支持的真实效果难以得到评估。老板与业务部门往往非常务实，他们经常会说的一句话是："我们投入这么多钱与时间、精力在培训上，培训对业务的实际价值是什么？"这种灵魂拷问，是每一名学习部门的工作者需要回答的问题。

- **五是基于岗位胜任力模型的学习是从个体维度出发的，其价值创造的范围难以满足业务发展的整体要求**。岗位胜任力模型显然是针对个人维度的，目的是发展个体的能力。这的确是业务部门需求的一部分。然而，业务发展更多的应该是站在组织维度思考问题。业绩的提升、业务模式与产品的创新、业务问题的解决、业务组织能力的提升，这些都是业务部门要思考的问题。因此，以岗位胜任力模型为基础的培训的价值创造范围有限，它很难支撑业务发展的整体需求。

通过上述 5 点原因的分析，我们可以看出：基于传统人才发展目标的学习地图之所以难以为业务发展创造价值，是因为其目标与构建逻辑和业务发展无法匹配。因此，期望对传统的学习地图进行小修小补来支撑业务发展是无法实现的。如果要做赋能业务的学习，学习部门就需要对学习地图的范式进行重构。

## 赋能业务要上承战略下接绩效

对于企业学习负责人来说，一个来自企业老板的经典问题是必须要面对的:"我们公司已经在学习培训上投入了很多资金与精力,这些投入对我们业务的促进有效吗?"

这个问题因具有普遍意义而成为经典问题。尤其是在新型冠状病毒肺炎疫情出现之后,企业面对巨大的业务挑战,一切装腔作势的培训都将率先遭到淘汰。培训学习对组织与业务的价值正在被重新评估与考量。因此,这个问题将成为高悬在 HR 及学习负责人头顶上的达摩克利斯之剑。

赋能业务的企业学习要明确它能为企业业务创造的价值是什么。与以基于人才发展目标的岗位胜任力模型为基础构建的学习地图不同,赋能业务学习地图的出发点是战略问题与业务绩效。

在 VUCA 时代,企业战略的制定与执行过程已经发生了非常大的转变。战略不是基于预测被规划出来的,而是在动态化发展的经营实践过程中被探索出来的。因此,战略管理的过程更像是一个学习的过程,它是一个从战略分析,到提出假设、规划举措、试错验证、反思复盘、推广落地的,不断滚动优化的学习过程。

在战略管理过程中,学习部门自然会面对诸多困难与痛点问题。例如,战略创新涉及未知领域,这超出了企业原有的经验与认知范畴,学习部门该如何有效探寻解决方案?全新战略的落地在本质上是一个变革过程,它该如何获得基层业务部门的员工的支持,实现真正落地呢?学习部门就应当站在公司战略的高度上构建赋能业务的学习地图,致力于解决核心问题。

助力业务绩效达成是赋能业务的企业学习的务实面。业务绩效是业务部门创造的有价值的成果。例如:销售收入的提升、产品结构的优化、利润率的提升、客户数的增加、生产成本的下降、客户交付周期的缩短等。从提升

## 第6章　赋能于人：赋能业务的学习地图

业务部门绩效出发构建企业学习的体系，学习部门就能抓住业务部门的核心关注点。

那么，为什么赋能业务的企业学习的出发点是战略问题与业务绩效呢？这与赋能业务学习地图的价值定位要求相关，它包括以下几方面。

- 整体视角

    与传统的企业学习不同，赋能业务的企业学习应当站在组织的维度，系统地构建学习地图，支持组织的发展与业务的进化。

    组织战略需要回答如下问题：我们的客户是谁？我们为客户创造的价值是什么？我们的产品与服务是如何创造价值的？我们的核心竞争力是什么？我们的未来战略愿景是什么？我们实现战略愿景的路径是什么？随着时间的变化，学习部门对这些问题的解答也在变化。

    赋能业务的企业学习是组织学习，其本质是组织进化发展的方法论。因此，学习部门就应当以战略的视角、以整体的而非局部的、以系统的而非碎片的思维，规划学习地图，让它助力整体组织战略的实现。

- 价值创造

    赋能业务的企业学习要为业务创造价值，这就需要学习部门通过学习技术与方法的有效运用，提升业务工作过程的效率，创造直接的业务成果。因此，赋能业务的企业学习要从业务绩效出发，规划学习地图的内容，自然是题中应有之义。因此，赋能业

**赋能业务** EMPOWER YOUR BUSINESS

务的企业学习应当以改进业务绩效为目标，发现影响业务绩效的因素，并运用学习的方法促进组织、环境、员工、知识技能、方法等因素的改变。赋能业务的企业学习以业务绩效为出发点，在学习项目中直接产出业务成果。这就能够避免人才发展培训遇到的学习价值难以衡量的问题，从而获得业务部门及公司管理层的重视与支持。

● 动态变化

从战略问题与业务绩效出发，赋能业务学习地图可以适应组织动态变化的趋势。在 VUCA 时代，组织战略需要根据环境的最新变化而滚动调整。产品创新、组织变革、业务模式改变、业务策略重点的调整都将常态化。因此，从战略与业务视角，动态规划企业学习的阶段性重点，就能让学习紧跟战略与业务的最新要求、最新痛点，以及最新问题。

赋能业务学习地图兼具系统性和进化性。随着战略及业务的动态发展，业务部门需要解决全新的问题，探索全新的方法，掌握全新的知识、能力与工具。学习部门要不断开发萃取新的知识与方法，总结提炼新的业务作战模式，规划针对性学习项目。在战略与业务的创新实践中，学习部门还要验证与总结新的业务方法与模式，并在组织中更大范围内复制与推广新方法和模式，使学习取得实效。

● 业务场景

赋能业务的企业学习需要紧密结合业务场景，这就要求学习部门必须从战略与业务视角构建学习体系。如果以战略重点问题解决与业务绩效提升为目标，学习部门就会进入到真实的业务场景，从而发现业务岗位的关键任务。围绕业务关键策略与岗位的关键任务，学习部门可以开发有针对性的业务知识、工具与方法，赋能业务绩效的达成。因此，赋能业务的企业学习要将学习与业务有机结合，让学习直接赋能业务，创造真实的商业成果。

## 业务价值链是赋能业务学习地图的基石

要构建赋能业务学习地图，学习部门就需要站在组织的整体，从为客户创造价值的视角，建立业务全景图，这就是业务价值链。业务价值链是构建赋能业务学习地图的基石，这主要出于以下几点原因。

- **一是企业学习可以根据业务价值链，按图索骥，找到赋能业务的价值点**。业务价值链的本质是企业为客户创造价值的全景图。它是组织维度的，直接展示了企业主要业务活动与业务场景。这张全景图正是赋能业务的企业学习创造价值的索引。学习部门通过这张图能够获得业务全景视角，它是构建赋能业务学习地图的基础。

- **二是业务价值链相对稳定**。稳定的业务价值链与动态的企业战略业务问题相结合，学习部门能够既保持体系稳定性，又能动态规划学习重点。在 VUCA 时代，环境不断动荡，业务问题也会随之变化，但业务价值链是相对稳定的。此外，企业的战略与业务却会不断出现新问题，策略需要创新，业务组织需要变革。这些新的重点问题都能够从业务价值链全景图中的特定环节中体现出来。这可以作为企业学习主题动态规划的依据，从而让赋能业务学习地图能够紧跟业务，敏捷进化。

- **三是业务价值链能够让企业学习直接进入真实的业务场景**。业务价值链反映了组织真实的业务活动，这就能够让企业学习进入真正的业务场景，面对业务的痛点问题，赋能真实的业务团队。与真实业务场景融合，企业学习的内容就要具有很强的针对性，与业务问题的解决强相关。企业学习项目机制要与真实业务工作的推动紧密结合，这样的企业学习才能接地气，为业务发展创造真正的价值。

赋能业务学习地图的构建基石是业务价值链的梳理。从业务价值链中，学习部门识别组织的关键战略业务问题，从而发现业务价值链中的关键业务举措。在此基础之上，学习部门将关键业务举措分解为各业务岗位需要承担的任务，从而发展出不同业务岗位的任务图谱。依据不同业务岗位的任务图谱，学习部门规划与任务直接相关的知识与方法模型，构建基于业务岗位的知识图谱，并基于知识图谱开发课程、学习项目等多元化的学习产品。最后，企业根据每年战略业务出现的最新问题，不断迭代与优化任务图谱、知识图谱与学习产品。

业务价值链是组织为客户创造价值的整体流程与关键环节。只有梳理清晰这个业务价值链，学习部门才能对企业的业务状况建立整体性的认知，发现学习能够助力业务的关键价值点。

那么，究竟如何构建企业的业务价值链？业务价值链的梳理通常是以客户为中心的，而不是以业务职能为中心的。业务活动的根本目的是为客户创造价值。企业应该通过为客户创造价值而获得商业回报，而不是以公司自己的业务活动为中心。

以公司业务活动为中心带来的问题有两个：一是客户需求与市场环境是客观的，公司自身的业务活动安排是主观的，应该是主观适应客观。如果以业务活动为中心，企业就无法捕捉到客户需求的变化。二是客户与市场是动态变化的，它是驱动公司业务模式及产品创新变革的驱动力量。如果企业根据自己的业务活动安排驱动创新，公司业务就会陷入僵化，丧失变革动力。

业务价值链的构建就是设计以客户为中心的业务活动的全景图。企业可以针对不同的组织业务模式，采用不同的方法。这里主要介绍3种，即客户旅程、商业模式画布和平台策略树。

## 构建方法一：客户旅程

该方法适合服务及营销类的组织，如连锁零售企业、餐饮服务企业、航空公司、金融服务企业等。这种企业的目标是提升客户服务体验，提高客户忠诚度。为了构建客户服务的完整闭环，企业就可以以客户旅程为中心，从客户接受服务之前、之中、之后，以时间轴划分不同的客户触点与阶段，确定不同阶段客户价值创造的目标。

在摸清客户旅程情况之后，企业就需要规划其在客户旅程不同阶段的业务工作模块。业务工作模块是指：在特定的客户阶段，企业主动为客户创造价值的特定业务工作与活动，如服务体验的提升、品牌的塑造、客户社群的建立等。企业还要将客户旅程不同阶段的业务工作模块梳理清楚，做到 MECE 原则要求的不重复、不疏漏。

赋能业务　EMPOWER YOUR BUSINESS

　　下面我们以为某连锁零售龙头企业所梳理的业务价值链为例说明该方法（见图 6-1）。客户旅程是指从客户了解认知品牌开始，直至客户下单并享受产品或服务期间与企业互动的全过程。它可以划分成 5 个阶段，分别是认知、互动、首单、复购、忠诚。

- **认知阶段**是指客户从网络社群、朋友口碑、媒体广告等渠道了解品牌、引发需求的阶段。在认知阶段，企业应当帮助客户更为精准地了解产品信息，使其深度理解公司的品牌含义，实现品牌"种草"，引发客户对品牌形象的认同。在这个阶段，主要业务活动包括品牌宣传、门店形象塑造、新品的发布与展示、网络互动平台 KOL[①] 的传播等。

- **互动阶段**是指客户有了购买意向之后，访问线上及线下门店，接触与挑选产品，与店员互动交流的阶段。产品与服务体验是这个阶段为客户创造价值的关键。企业要让客户真实接触产品或到门店现场体验，享受服务，留下美好的感受。这个阶段业务工作主要包含 4 个方面，分别是引流入店、门店定位、现场服务与陈列管理。

- **首单阶段**是指客户决定购买下单，具体挑选与成交产品的阶段。在这个阶段，为客户创造价值的关键是充分挖掘与满足客户需求，帮助客户购得心仪的产品。为了达到上述目标，主要业务活动包括需求探询、营销推广、团队打造及商品管理。

---

① KOL 是 Key Opinion Leader 的简写，指关键意见领袖，是拥有更多、更准确的产品信息，且为相关群体所接受或信任，并对该群体的购买行为有较大影响力的人。——编者注

第 6 章 赋能于人：赋能业务的学习地图

| 客户旅程 | 认知 | 互动 | 首单 | 复购 | 忠诚 |
|---|---|---|---|---|---|
| 客户价值创造 | 品牌认知与形象塑造 | 产品与服务体验 | 需求充分满足 | 长期关系建立 | 品牌参与和认同 |
| 业务链 | 品牌宣传<br>形象塑造<br>新品发布<br>网络互动 | 引流入店<br>门店定位<br>现场服务<br>陈列管理 | 需求探询<br>营销推广<br>团队打造<br>商品管理 | 会员管理<br>售后支持<br>增值服务<br>新品发布 | 专属服务<br>粉丝社群<br>个人IP打造<br>用户共创 |

图 6-1 客户旅程业务价值链

111

- **复购阶段**是指客户在第一次购物之后，转化为老客户的阶段。在这个阶段，客户希望得到真诚的售后服务，与门店建立长期的关系，及时获得产品品牌的最新信息。通常零售门店仅仅强调一次性的交易，而忽视客户生命周期的价值。在复购阶段，业务目标就是企业将第一次交易看做开始，着力与客户建立长期关系。具体业务活动包括会员管理、售后支持、增值服务及新品发布。

- **忠诚阶段**是指客户不仅简单购买产品，而且成为品牌的粉丝，主动向朋友推荐产品，甚至参与产品研发等活动的阶段。在这个阶段，客户希望获得的是参与感与认同感，成为品牌价值主张的践行者。主要业务活动包括专属服务、粉丝社群、个人IP打造[①]及用户共创。

## 构建方法二：商业模式画布

商业模式画布是亚历山大·奥斯特瓦德（Alexander Osterwalder）、伊夫·皮尼厄（Yves Pigneur）在《商业模式新生代》（Business Model Generation）一书中提出的一种用来描述商业模式、可视化商业模式、评估商业模式，以及改变商业模式的通用语言。该方法适用面比较广泛，产品服务类企业均适合，如实体制造企业等。

商业模式画布是梳理业务价值链的有效工具。它同样是用户视角，从客户需求与为客户创造价值出发，系统梳理业务创造价值所需要的关键业务环节，如客户关系、渠道通路、关键业务、核心资源、重要合作等。通过商业模式画布，学习部门可以更深入地理解企业的盈利模式以及成本结构进而找到赋能业务的切入点（见图6-2）。

---

① 个人IP打造是指打造有影响力的个人或品牌。——编者注

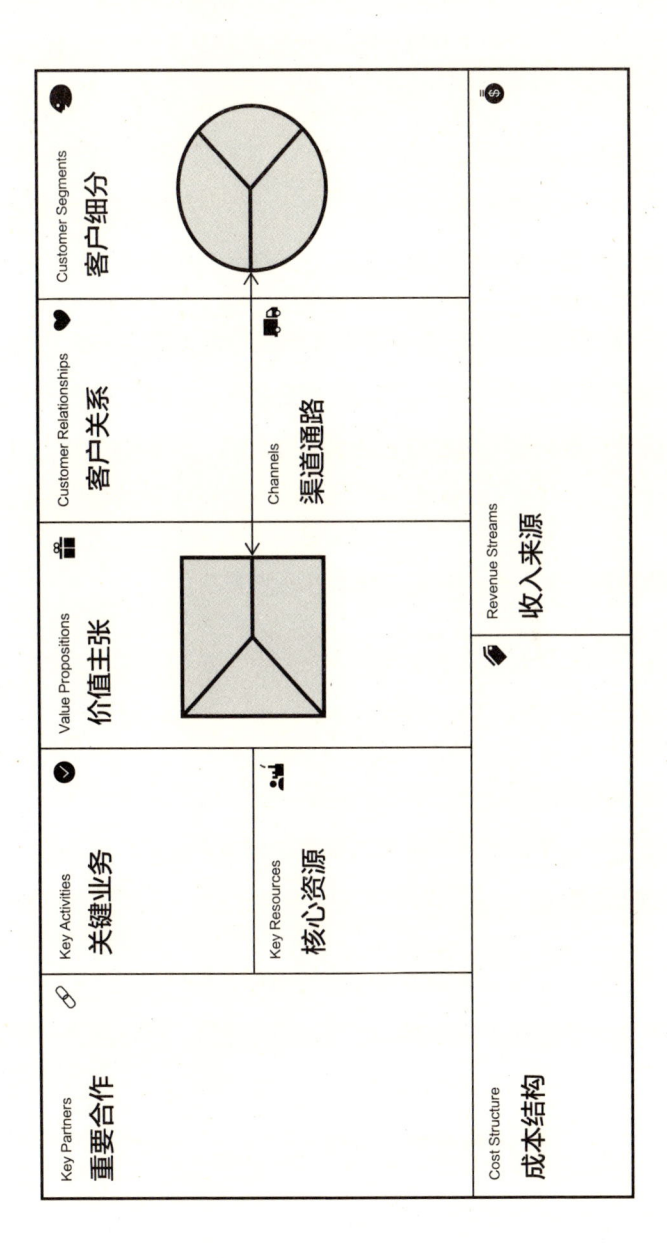

第 6 章 赋能于人：赋能业务的学习地图

图 6-2 商业模式画布

商业模式画布分为 9 个模块，对其进行梳理，分为以下四步。

**第一步是梳理客户细分与价值主张。**

在客户细分部分，企业需要洞察客户需求。可以思考这些问题：市场可以分成几类客户群体？企业服务的客户是谁？这些客户应用企业产品与服务的真实业务场景是什么？目标客户重视的收益与应用产品的痛点是什么？

在明确客户细分的基础上，企业再来规划自身的价值主张：企业能够为目标客户创造的价值是什么？痛点缓释的方案是什么？企业自身的产品与服务如何研发与设计？客户细分与价值主张要保持契合，它们在逻辑上应该是一致的。

**第二步是梳理如何触达客户并建立和维护客户关系。**

渠道通路是指通过什么样的渠道通路接触到我们的目标客户群体，这就需要企业整合与设计渠道结构，最大限度地提高效率、降低成本。

客户关系是指如何定义企业与客户之间的关系，以及如何维系与保持这种关系。在互联网时代，企业应当以用户为中心，与客户的关系也从一次性的交易关系转变成持久的伙伴关系。用户不仅会重复购买，还可能会参与产品研发、推广共创、产品代言，甚至深度介入业务。

**第三步是厘清企业实现商业模式所需要的关键业务、核心资源，以及重要的外部合作。**

关键业务是指为保障商业模式成功运转所必需的活动，如产品研发、生产制造、物流仓储、服务交付等。

核心资源是指为保障商业模式成功运转所需要掌握的资源。这些资源根据商业模式和价值创造目标的不同而有所差异，可能是人、财、物，还可能是技术、商誉等无形资产。

重要合作是指保障商业模式成功运转所需要的重要合作伙伴。在梳理重要合作时，企业要搞清楚以下问题：重要供应商与分销商是谁？企业从他们那里获取哪些自己不具备的资源与能力？合作伙伴需要执行哪些关键业务？

**第四步是分析企业的盈利模式。**这就需要分析业务收入来源与成本结构。

收入来源的分析重点是企业的产品与服务定价以及付费模式。这就需要分析客户的付费习惯。例如：什么样的价值能让客户愿意付费？他们是如何支付费用的？他们更愿意如何支付费用？根据客户的以上付费习惯，分析出提升企业业务收入的主要方法。

分析成本结构是要厘清业务成本的基本构成。例如：成本主要由哪些部分组成？哪些核心资源以及关键业务活动花费最多？成本下降的空间与重点在哪里？

## 构建方法三：平台策略树

该方法适合平台型的组织，多指对接供给端与需求端的平台类业务模式。平台类业务模式指链接两个（或更多）特定群体，为它们提供交互机制，满足它们的需求，并从中盈利的商业模式。例如淘宝等电商平台，它们链接的是商品供给方与需求方。抖音、快手、喜马拉雅，它们属于内容平台，链接的是内容创作者与消费者。

平台商业模式是一种在互联网经济下蓬勃发展出的商业模式。它具有双边市场与网络效应的特点，其参与群体越多，商业服务效果越好。因此，它能够推动平台企业迅速发展，突破增长瓶颈。平台业务模式的重点在于丰富供给与激发需求。平台策略树的构建是从供给端与需求端两方面着手的。因为，对于平台方来说，供给端与需求端都是它的客户。

所以首先，企业要分析供给端与需求端的参与对象是谁，他们的真实需求是什么，他们的痛点有哪些。其次，企业要规划激发需求的策略模块，如寻找有哪些业务活动能够最大限度地激发需求、吸引更多的流量。再次，企业要规划丰富供给的策略模块，如思考有哪些业务活动能够吸引更多的优质供应商、丰富供应品类，最大限度地满足需求方。最后，企业要确定学习能够为业务创造的价值，学习能解决哪些业务的痛点，锁定学习赋能业务的发力点。

以淘宝为例。淘宝是电商平台，供给端是商家，需求端是消费者。淘宝生态赋能团队是公司业务赋能部门。他们寻找业务赋能机会的秘笈，就是画平台策略树。前阿里巴巴资深专家安秋明撰写的《赋能三板斧》对此做了详细阐释。

作为平台模式，淘宝的平台策略树的左边是丰富供给，包括产业带、新品、个性化原创、海外、线下、非实物商品、酒旅服务等。其涉及的业务活动有招商、留存、活跃，打造新品牌、新品类、新产品、造物节、原创设计师等活动，基于位置的服务（Location-Based Services，LBS）、线上线下电子商务（Online to Offline，O2O）等。平台策略树的右边是激发需求，包括端内的内容直播、短视频、微淘、淘宝群，推荐活动如有好货、每日好店等，端外的抖音、快手、微博、小程序、小红书等。

通过策略树，学习部门就能够了解到企业业务的痛点与价值创造点，从而锁定学习赋能机会。根据这个策略树，淘宝生态赋能团队把产业带招商伴跑、新品研发、旗舰店 2.0、店铺直播、私域运营、全域营销等方面，作为业务赋能的发力点（见图 6-3）。

## 业务建模

业务建模是将关键业务单元主要工作任务统合起来，并根据整体关键任务，给出系统的解决方法与工具，助力提升业务单元的经营绩效。在具体开发业务方法模型的过程中，企业一方面要萃取优秀的内部业务经验，另一方面还要将经验与相关的前沿理论与外部标杆实践相结合。模型要既有系统性，又简洁高效、易学易用。

业务方法模型的建立极其重要。它是课程、项目等学习产品开发与应用的基础。如微课等数字化学习内容的开发、业务绩效学习项目的应用，都需要借助业务单元的方法模型。此外，随着企业业务的持续变化，知识方法模型也需要不断地迭代更新。

在前文中的连锁零售案例中，零售系统的每个门店都是一个经营单位，所有门店的经营工作之和，就构成了企业的整体业务经营工作。而公司级别的业务创新与策略，又都需要在门店层面落地。因此，门店是零售连锁经营企业的基本经营单元，门店的经营管理就成为公司业务工作的重点，也就成为赋能业务的企业学习的关键发力点。

该企业通过调研发现，门店的经营工作受制于店长的经营能力。经营能力强的店长，对门店定位清晰，其经营重点突出，对门店的管理井然有序，门店业绩就非常突出。经营能力差的店长就会把手中一把好牌打坏。在实际工作

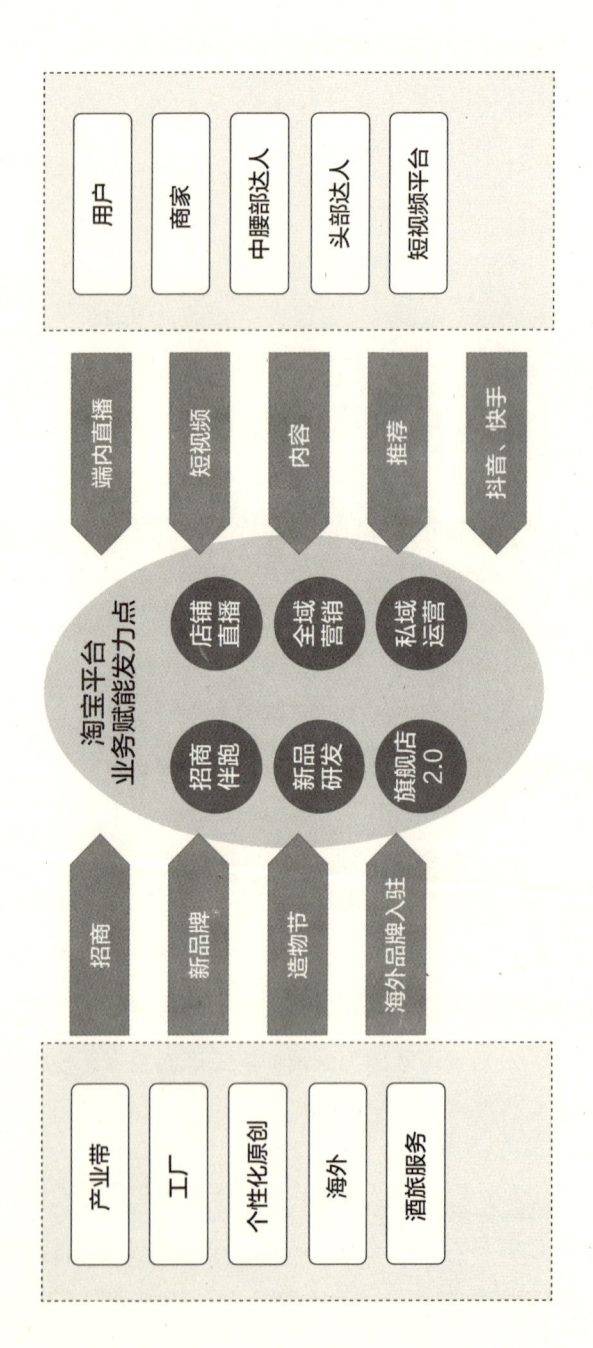

**赋能业务** EMPOWER YOUR BUSINESS

```
┌─────────────────────────────────────────┐
│  用户   商家   中腰部达人  头部达人  短视频平台  │
└─────────────────────────────────────────┘
     │      │      │       │       │
   端内   短视频   内容    推荐   抖音、
   直播                            快手
     ▼      ▼      ▼       ▼       ▼
       ╭─────────────────────────╮
       │   店铺   全域   私域       │
       │   直播   营销   运营       │
       │ 淘宝平台业务赋能发力点      │
       │   招商   新品   旗舰店     │
       │   伴跑   研发   2.0       │
       ╰─────────────────────────╯
     ▲      ▲      ▲       ▲
    招商  新品牌  造物节  海外品牌入驻
┌─────────────────────────────────────────┐
│ 产业带  工厂  个性化原创  海外  酒旅服务    │
└─────────────────────────────────────────┘
```

图6-3　平台策略树示例

118

中，懂经营的店长凤毛麟角，这导致门店经营不尽如人意。因此，如何解决这个问题，提高门店经营绩效，就成为赋能业务的企业学习创造价值的重大机会，其方法就是针对门店经营做业务方法模型。

设计门店经营模型的目的是企业通过经营诊断与业绩改进，提升门店销售额与利润。门店的租金及人工成本是相对固定的，这个模型一旦奏效，现有门店的经营利润与质量会大幅提升，支撑公司的加盟商战略还会得到发展。因此，该模型具有巨大的业务价值与意义。门店经营模型包含3个部分，分别是经营仪表盘、业绩提升策略与执行作战图（见图6-4）。

## 第一，经营仪表盘

经营仪表盘是帮助店长与区域经理对门店做分析与定位的工具方法。由于不同门店所处的区位不同、周边客群不同、自身经营的现状不同，企业需要运用经营诊断工具，发现绩效改善点、规划门店定位、提出门店经营战略。门店经营仪表盘主要分3个部分，分别是店铺属性分析、经营指标分析和门店业绩突破点分析。

**1. 店铺属性分析**

店铺属性分析是对店铺所处的客观区位进行的分析，可以根据城市、商圈、商场、店面及客群进行逐层分析。

- **城市分析：** 可以参考相关研究机构对它的定义。城市的发展、人口规模、人均可支配收入和消费水平等决定了区域的商业容量和规模。城市等级可以分为如北上广深这样的一线城市，杭州、重庆、成都、苏州这样的二线城市，以及三、四、五线城市等。不

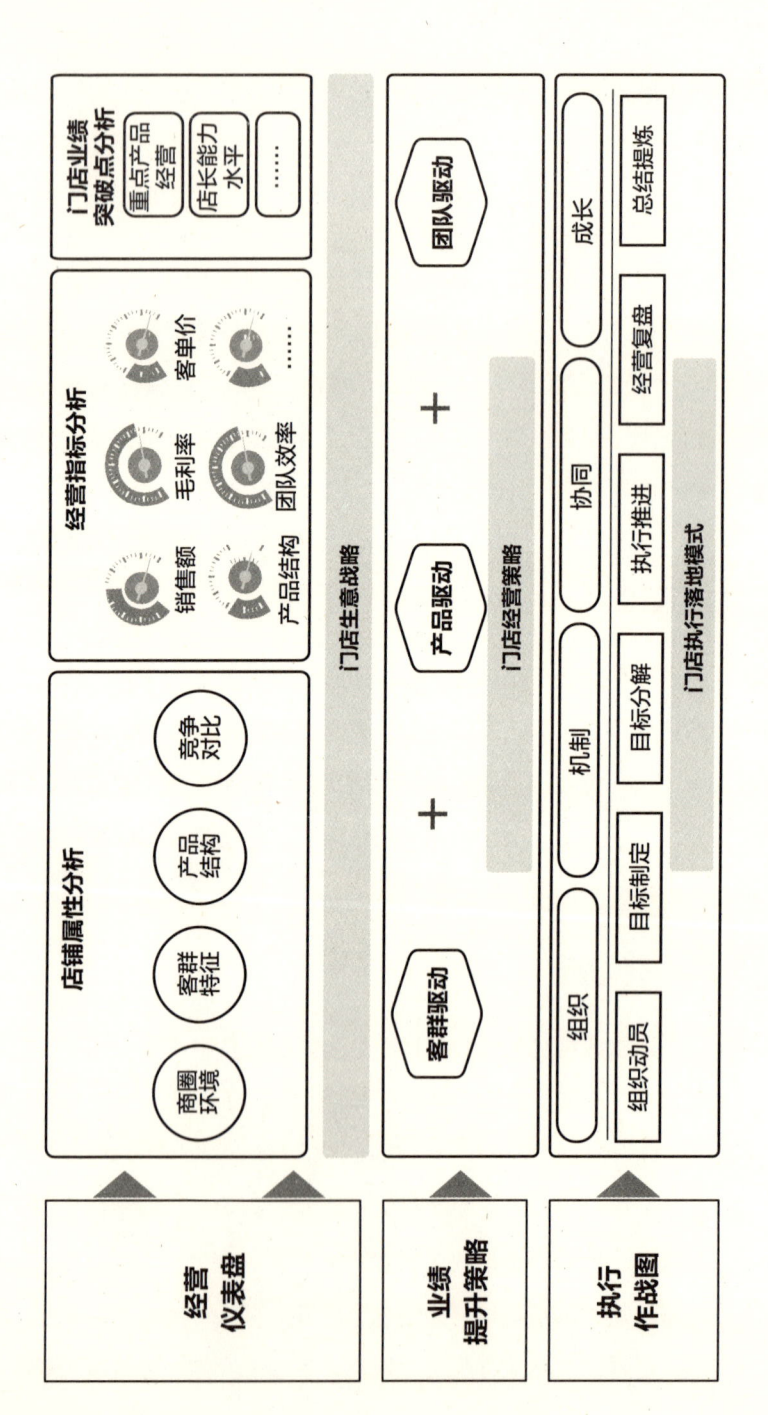

图6-4 门店经营模型

同城市的经济体量与商业规模不同，消费潜能自然不一样。

- **商圈分析**：指特定的商场商业集中的区域。如上海的徐家汇商圈、中山公园商圈、五角场商圈等。根据商圈的辐射能力及所处区位，商圈又可以分为省级商圈、市级商圈、区级商圈、超大综合体、交通枢纽商圈、综合医院、办公区、旅游区/景点、专业市场、社区、小城镇等。不同商圈的消费特征不一样，客群也不同。

- **商场分析**：不同商场的定位也不同。有的商场是统帅型定位，如上海徐家汇的港汇广场、南京西路的恒隆广场，它们用顶级品牌吸引高消费能力客流。有的商场是精品型，商品价格偏高，品牌组合精致讲究，面向现代精致生活人群。有的商场是大众型，价格适中、元素丰富、人流较大、购买随意性较强，可能曾经是统帅型商场，如连锁大卖场、老牌百货。有的商场是平价型，面积较小、商品价格偏低，满足中低型消费需求。对商场的主要定位还可以通过商场内部服装、箱包、手表、珠宝等品牌的档次来进行分析。

- **门店分析**：门店分析要看店铺的位置，例如：沿街的还是商场内的？在商场内部的是独立开铺，还是同类别品牌扎堆开铺？此外，还应具体分析店铺在商场内部的区位情况，如店铺与人流的接近程度。其次，要看店铺的形状与大小。最后，要看店铺的能见度与展面，评估这两个方面是否均能够激发客户的购买欲望。

- **客群分析**：店铺属性分析最终的落脚点是客群分析。通过城市、商圈、商场、店铺的分析，店长或区域经理就能够初步勾勒出店

## 赋能业务 EMPOWER YOUR BUSINESS

铺客群的基本特征，可以从几个维度来描述：一是生物维度，其中包括年龄、性别等特质，例如 Z 世代、中年男性、老年人群等；二是从社会角色维度，如白领一族、宝妈群体、生意人等；三是从购物心理与性格维度，例如冲动型、理性型、纠结型等。

不同门店所处的区位不同，周边客群就不同。根据客群分析结果，店长要针对客群的需求特点进行门店定位、商品陈列、促销活动安排等。例如，如果门店所处区位是办公区商圈，客流以年轻白领为主，那么门店形象应该年轻时尚，门店应该选择客单价适中的时尚类产品组合陈列，重点针对年轻人特点组织产品推广促销活动。如果门店所处区位是标识性商圈与统帅型商场，周边是奢侈品品牌，那么客流大多是高收入中年人群，门店形象应当定位高端大气，商品陈列应以高客单价产品为组合，推广活动也要有品位、重服务，避免低价促销的简单做法。

### 2. 经营指标分析

对于门店经营来说，数字化的经营分析也非常重要，具体可以分解为以下几个方面：

- **一是客户指标**。如转化率、连单率、复购率、净推荐值（Net Promoter Score，NPS）等。这些指标分别反映的是门店客户经营情况，如进店客户的购买比例、客户多次购买产品的比例、老客户的重复购买比例、老客户推荐朋友购买的情况等。通过对这些指标的分析，店长可以检查门店客群经营质量、客户的满意度与忠诚度、门店服务质量、店员销售技能等状况。

- **二是产品指标**。如高毛利产品占比、产品品类结构、客单价等。通过对这些指标的分析，店长可以发现门店产品经营的问题，识别有哪些品类产品还有增长潜力，判断主推产品的选择是否合理、针对客群的客单价定位是否准确等。

- **三是运营指标**。如库存周转率、缺货率、货龄等。通过分析这些，店长可以判断门店的运营效率。

- **四是团队指标**。如人效、流失率等。这些指标反映的是团队的效能与凝聚力。

- **五是竞争指标**。如商场内同品类市场份额占比，客户、产品、运营、营业、团队等指标与竞争对手的比较数据。这些数据能够呈现门店相对于竞争对手的优势与劣势，反应竞争状况。

- **六是营业指标**。如销售额、利润、坪效等。该指标是结果指标，反映的是门店的整体经营情况。

在对门店进行上述 6 个方面的分析时，应当建立参考系，与大区内同等类型门店的平均数据进行对比，从而找出自己门店的短板与差距，这些方面都是门店绩效的改进点。

## 第二，业绩提升策略

在对店铺属性与经营数据指标分析的基础上，需要找到门店经营业绩改进的突破点。经营业绩改进突破点是指在整个门店经营系统中，门店需要提升的关键薄弱环节。由于这些经营环节没有做到位，整个门店经营绩效提升就会受到阻碍。如果这些经营关键点被打透，那么整个经营绩效就会突破。

这些关键薄弱环节存在的原因可能是重点经营的产品没有做好，也可能是店长个人的能力问题。找到这些关键环节，集中资源解决这些影响业绩的关键点，门店就能释放自身增长潜能。

业绩提升策略是门店在经营分析的基础上规划的业绩改进策略，具体包括3种：客群驱动的策略，产品驱动的策略，团队驱动的策略。

### 1. 客群驱动的策略

客群驱动是企业根据对门店客群的经营管理来获得销量业绩的增长。从客户生命周期维度看，门店可以将客户分为从未购买过产品的新客户、购买频次低的低频客户、形成购买习惯的高频忠诚客户等。对于新客户，门店需要思考的是如何增加新客户以获得业绩提升，这就包括如何吸引更多的人流进入店铺、如何提高进店客户购买转化率等。此时门店需要规划的是客户引流策略、成单策略。

对于低频客户群，门店需要提升复购率，培养客户的购买习惯。门店需要规划客户复购策略。对于高频客户群，这就需要提高客户的连单率，鼓励客户推荐新客户，提高净推荐值。门店需要提高客户忠诚度，将客户转化为粉丝。此时门店需要规划社群活动，建立关系黏性。

## 2. 产品驱动的策略

产品驱动有两个关键步骤。

**第一步是确定门店的主推产品**。门店销售通常符合 80/20 法则[①]，门店只有找出主推产品、聚焦资源，才能提升业绩。确定主推产品有两个原则，客群原则与贡献原则。客群原则是指主推产品一定要符合门店客群的需求，产品系列、客单价与门店客群是匹配的，从而容易推广。贡献原则是指主推产品对门店业绩的贡献大，相对来说它的销售金额与毛利高。

**第二步根据主推产品规划推广策略**。此时门店的经营重点是聚焦资源，在商品陈列、店员产品培训、推广活动等方面向主推产品倾斜，规划针对性的推广方案。

## 3. 团队驱动的策略

团队驱动是企业通过激活门店团队来获得业绩的增长。这就包括团队现场管理、团队激励机制、团队能力发展和团队文化建设 4 个方面。

团队现场管理重心放在团队如何在现场形成有效协作。例如店员如何站位、相互之间如何配合，以及推动协作的会议、复盘等制度。团队激励机制是激励团队成员获得高绩效的手段，一方面体现在奖金、薪酬与职位升迁上，另一方面体现在竞赛、评奖

---

[①] 80/20 法则即帕累托法则（Pareto Principle），由管理学家约瑟夫·朱兰（Joseph Juran）提出，指全部成果中的 80% 都取决于只占全部因素 20% 的"关键少数"因素。在销售领域，指 20% 的商品带来了 80% 的销售额，或 20% 的客户带来了 80% 的利润。——编者注

等精神激励上。团队能力发展的主要内容包括产品知识、销售技能、服务能力等方面的培训，也包括团队整体协作能力的提高。团队文化建设的主要作用在于激发团队能量与士气，具体是关爱文化、协作文化、竞赛文化的建立，内容包括团建活动、团队反思会、文化墙等。

## 第三，执行作战图

在完成了经营诊断，抓住了业绩突破点，规划了明确的业绩提升策略之后，门店就需要进入落地执行环节，这就涉及执行作战图的规划。具体包括组织动员、目标制定、目标分解、执行推进、经营复盘、总结提炼等方面。执行落地的关键在于敏捷迭代。在执行落地的过程中，门店店长不断反思复盘，重新调整优化方案，敏捷改进，迅速行动。在这个过程中，激励机制的打造、组织协调的推进，都起着非常关键的作用。

## 构建基于业务场景的岗位任务图谱

赋能业务学习地图构建的核心是基于业务场景的岗位任务图谱。所谓岗位任务图谱，是主要业务岗位的关键任务清单。任务图谱中的关键任务都是来自真实业务场景的，因此，基于岗位任务图谱构建学习内容，能够让学习内容针对性更强，与工作无缝对接。

赋能业务学习地图与人才发展学习地图的关键分野就发生在这里。赋能业务学习地图的构建基石是岗位任务图谱，而人才发展学习地图的构建基石是岗

## 第6章 赋能于人：赋能业务的学习地图

位胜任力模型。基石不同，决定了两个学习地图的性质完全不同。一个是从业务岗位实际要完成的任务出发，学习部门教授员工完成任务所需要的技能、知识与方法，学习内容面向绩效、简单直接，符合成人学习目的性强的特点；另一个是从业务岗位胜任力模型出发，从能力维度出发，员工容易迷失在业务场景中，学习难以见到实效。

岗位任务图谱的构建基础是业务价值链。从业务价值链到岗位任务图谱，需要业务建模环节。业务建模是以业务单元为主体，整体性规划业务单元开展工作的方法模型。当业务单元的方法模型建立起来后，就可以进一步根据业务的具体岗位，分解为岗位任务图谱。作业步骤可以分为以下两步。

● 从业务活动到关键任务

业务价值链是从客户价值创造的角度来定义的企业的主要业务活动。关键任务是指为了完成这些业务活动而要进行的主要工作任务清单。因此，在这一步骤中，企业要把业务价值链中的主要业务活动逐一分解为完成业务活动所必须进行的工作任务。

以前文提到的某连锁零售企业的客户旅程业务价值链为例。企业要将客户旅程价值链中的业务活动，逐一分解成关键任务。例如，处在认知阶段的门店形象塑造这项业务活动，就可以进一步分解成4部分：硬件设施打造，如展柜陈列、现场布局、智能工具配置等任务；门店氛围营造，可再进一步分解成主题氛围、节庆氛围、员工形象等任务；商品陈列，包括特色展台、橱窗布置，动线规划等任务；门店推广，包括商场活动、品牌展示、加盟商形象共识等工作任务（见表6-1）。

赋能业务　EMPOWER　YOUR　BUSINESS

表6-1　关键任务分解表——门店形象

| 业务活动 | 关键任务 |
| --- | --- |
| 现场硬件 | 展柜陈列 |
| | 现场布局 |
| | 智能工具配置 |
| 门店氛围 | 主题氛围 |
| | 节庆氛围 |
| | 员工形象 |
| 商品陈列 | 特色展台 |
| | 橱窗布置 |
| | 动线规划 |
| 门店推广 | 商场活动 |
| | 品牌展示 |
| | 加盟商形象共识 |

在业务活动分解到关键任务的过程中，企业需要注意的是关键任务颗粒度的大小。如果颗粒度过大，关键任务就很难成为一项项明确的可执行的任务。如果颗粒度过小，关键任务就会成为无足轻重的细节，从而失去重点。

● 岗位任务图谱梳理

在业务价值链中的主要业务活动及关键任务，是需要不同业务岗位的协作配合来完成的。因此，当主要业务活动被逐一分解成为可以执行的关键任务之后，关键任务就需要与业务岗位进行匹配，企业要明确关键任务在不同业务岗位上的分工。具体做法是企业根据不同业务岗位的职责，对岗位具体工作任务进行分解与梳理，从而形成不同业务岗位的具体工作任务。企业将所有的业务活动及关键任务汇总，就能产出业务岗位的任务图谱。

还是以这家连锁零售企业为例。这家企业是全国性的连锁企业，在销售上是以区域管理为组织架构的。全国销售分为不同区域，各区域经理负责下属门店的管理。在这个组织管理架构中，企业主要有3个关键业务岗位：店员、店长与区域经理。企业要对上述3个关键业务岗位进行任务分解，最终形成3个业务岗位的任务图谱。例如，企业需要根据店员、店长、区域经理的不同岗位职责，将门店形象塑造这一业务活动分解成若干与岗位对应的关键任务（见表6-2）。

任务图谱把业务岗位的工作任务与组织的业务价值创造链接起来，为规划基于岗位的学习内容打下了基础。

## 从岗位任务图谱到岗位知识图谱

当梳理清晰关键业务岗位的任务图谱之后，企业就可以制作岗位的知识图谱了。所谓知识，就是一切人类总结归纳的，可以指导解决实践问题的观点、经验、程序等信息。任务图谱是关键业务岗位需要完成的任务，知识图谱则是关键业务岗位完成任务所需要掌握的观点、经验、程序等知识信息。

表6-2 岗位任务图谱——门店形象塑造

| 关键岗位 | 关键任务 |
| --- | --- |
| 店员 | 店铺清洁及环境布置 |
|  | 智能工具的熟练使用 |
|  | 品牌形象活动落地执行 |
|  | 个人专业形象塑造 |
|  | 门店形象客户反馈信息收集与汇报 |
| 店长 | 现场布局调整 |
|  | 商品陈列管理（特色展台、橱窗、动线） |
|  | 主题氛围（产品、节庆）营造 |
|  | 员工专业形象督导 |
|  | 商场品牌活动执行 |
|  | 门店品牌推广方案执行 |
| 区域经理 | 门店形象差异化定位 |
|  | 门店主体形象、货品陈列、气氛布置监管 |
|  | 门店员工专业形象督导 |
|  | 商场品牌活动规划 |
|  | 门店品牌展示推广方案规划 |
|  | 加盟商形象督导 |

## 第6章　赋能于人：赋能业务的学习地图

从认知心理学的研究角度来看，知识分陈述性知识与程序性知识。陈述性知识，也称为描述性知识，是描述客观事物的特点及关系的知识。这就涉及完成岗位任务所必须具备的对基本的概念以及事物之间的关系的了解。程序性知识是一套关于办事的操作步骤的知识，也称操作性或是策略性知识。这类知识主要用来解决 WHAT（做什么）和 HOW（如何做）的问题，用来指导操作和实践。岗位知识图谱中的知识大多是这一种，是与完成任务的具体方法有关的知识。基于岗位知识图谱的程序性知识具有以下几个特征。

- **行动导向**：能够推动完成岗位任务的决策与行动，提高完成任务的质量。

- **隐性特征**：不是外显的，而是沉淀在实践者的头脑中，需要学习部门归纳、总结、提炼。

- **动态特征**：随着业务的发展，岗位任务知识会不断更新。

- **学习特征**：可以复制与传播，可以方便学习与实践。

- **个性化特征**：不是普适的，而是适用于特定的行业、企业与业务场景。

知识图谱的构建是基于岗位任务图谱的。构建方法就是企业要在理解上述知识概念的基础上，对完成业务岗位的关键任务所需要掌握的程序性知识进行分析。

继续以上述连锁零售企业为例说明。在明确了门店形象塑造的业务活动中店长的关键任务之后，就可以根据这些关键任务，对店长所需要掌握的知识进

**赋能业务** EMPOWER YOUR BUSINESS

行逐条的分析。

店长为完成现场布局调整任务，需要了解通道设计、设施布局规划、动线规划方法、橱窗设计与布置方法等方面的程序性知识。店长为完成商品陈列管理任务，需要了解商品结构与分类、商品组合管理、商品陈列方法等方面的程序性知识。店长为完成主题氛围（产品、节庆）营造任务，需要了解门店氛围设计、门店主题软装、特色展台布置等方面的程序性知识。店长为完成员工专业形象督导任务，需要了解举止（站立、行走、坐姿、手势），仪容（头发、面部、指甲、体味），表情（微笑、眼神）等方面的程序性知识。店长为完成商场品牌活动执行任务，需要了解商场促销、谈判与沟通技巧、品牌活动企划与执行流程等方面的程序性知识。店长为完成门店品牌推广方案执行任务，需要了解店铺品牌、品牌宣传方法、品牌推广方案执行细则等方面的程序性知识（见表6-3）。

当店长岗位中关键任务涉及的所有程序性知识被梳理出来时，店长的知识图谱就构建完成了。当所有关键业务岗位的知识图谱被梳理出来时，公司级的业务知识图谱就构建完成了。赋能业务学习地图的目标是应用，是助力业务工作的实际改进。关键业务岗位的知识图谱是指导特定关键任务的，因而也是针对性很强的知识信息。

## 学习产品化推动赋能落地规模化

赋能业务的学习地图及学习内容被创建完成之后，企业就要利用该学习地图为组织创造价值。开发标准化的学习产品和实现该学习产品的规模化复制与推广，就成为赋能业务的必要举措。具体来说，学习产品化有两个方向：一是设计标准化，二是运营高效化。

第 6 章　赋能于人：赋能业务的学习地图

表 6-3　店长岗位知识图谱——门店形象塑造

| 关键任务 | 相关的程序性知识 |
| --- | --- |
| 现场布局调整 | 通道设计、设施布局规划、动线规划方法、橱窗设计与布置方法 |
| 商品陈列管理 | 商品结构与分类、商品组合管理、商品陈列方法 |
| 主题氛围（产品、节庆）营造 | 门店氛围设计、门店主题软装、特色展台布置 |
| 员工专业形象督导 | 举止（站立、行走、坐姿、手势），仪容（头发、面部、指甲、体味），表情（微笑、眼神） |
| 商场品牌活动执行 | 商场促销、谈判与沟通技巧、品牌活动企划与执行流程 |
| 门店品牌推广方案执行 | 店铺品牌、品牌宣传方法、品牌推广方案执行细则 |

- 设计标准化是指学习产品可以采用乐高模式来设计开发。通过标准化功能模块的定义与组合，企业不但可以保持学习产品的基本功能与架构，还能够根据特定的业务场景专门定制特定的学习产品。

- 运营高效化是企业对学习产品运营流程的规范化定义，其目的是企业在大规模交付学习产品时，提升交付效率、降低交付成本。例如，在推动学习项目过程中，企业需要对项目阶段、里程碑、阶段目标、项目分工等进行定义，提高项目推进效率与效果。

在赋能业务学习地图中，学习产品主要包含业务定制课程、业务绩效及创新训战项目两个部分。

**业务定制课程**

业务定制课程是基于关键业务岗位所规划的课程。真实场景决定学习内容，业务定制课程的内容来自真实的业务场景。这里有3个原则。一是相关性原则。学习内容与工作直接相关，凡是与岗位业务任务无关的知识内容，均不出现在学习内容中。二是问题原则。学习内容是指向特定的业务痛点问题的，是有助于解决业务痛点问题的。三是前瞻原则。学习内容具有前沿性，有助于突破现有业务经验，实现业务模式与产品的创新。

课程体系的建立基础是业务岗位的知识图谱。根据业务岗位知识图谱，学习部门规划业务岗位所需要学习的知识内容，将相关知识分类整理，形成可以学习的课程体系。具体来说，从岗位任务图谱、知识图谱开始，到完成课程体系的搭建，需要经历3个步骤，它们分别是排序、识别与归纳（见图6-5）。

第 6 章　赋能于人：赋能业务的学习地图

**岗位任务图谱** → **知识图谱技能** → 排序 / 识别 / 归纳 → **课程体系**

- 岗位任务图谱：岗位具体工作任务分解与梳理，形成在不同业务工作模块下的具体工作任务
- 知识图谱技能：识别该岗位族群关键任务完成该时，必须具备的知识和技能
- 排序：将知识技能按学习的重要度与紧急度排序，将需要通过培训学习的知识技能纳入课程体系
- 识别：识别该知识技能属于哪类领域
- 归纳：在同一族群，有横状知识技能，也有块状知识技能，对任务类型进行归纳
- 课程体系：将散乱的知识技能进行整合，形成该岗位族群的课程体系

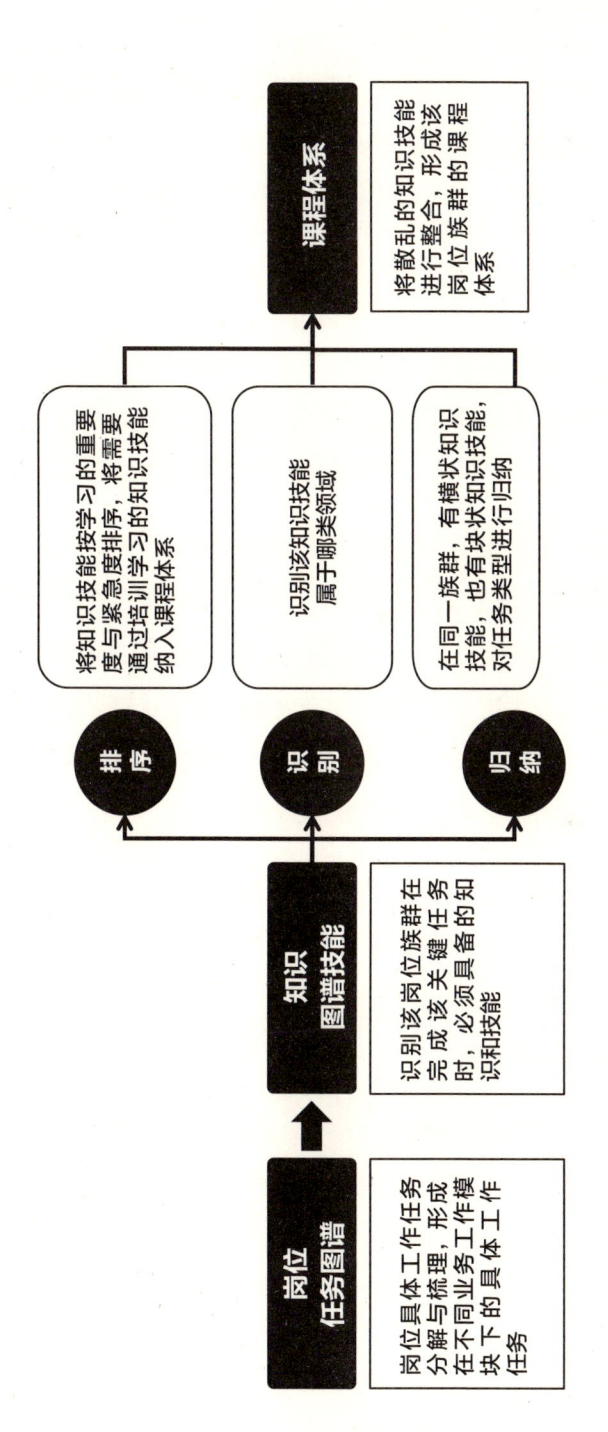

图 6-5　从知识图谱到课程体系

135

赋能业务　EMPOWER YOUR BUSINESS

- 排序：企业对知识技能按学习的重要度与紧急度排序，将需要通过培训学习的知识技能纳入课程体系。

- 识别：企业识别该知识技能属于哪类领域，并对相关知识进行分类整理。

- 归纳：同一岗位既存在完成客户旅程中的连贯任务所需的横状知识技能，又存在完成某个专项任务所需的块状知识技能。企业对任务类型进行归纳，促使完成任务所需要的整体知识体系形成。

让我们再回顾一下赋能于人的企业学习体系的搭建过程。首先，企业通过业务价值链构建生成业务全景图。其次，针对业务价值链关键任务的岗位分解，企业生成业务岗位的任务图谱。再次，通过对完成关键业务岗位任务所需知识的分析，企业生成关键业务岗位的知识图谱。最后，通过知识图谱的分类整理，企业生成关键业务岗位的业务课程体系。在确定了课程内容之后，企业可以根据课程内容开发线上与线下不同的课程形式。

还是以上述连锁零售企业为例，该企业根据上述作业逻辑，形成了以下关键业务岗位课程体系（见图 6-6）。

## 业务绩效及创新训战项目

业务绩效及创新训战项目是指以业绩提升及产品与业务模式创新为目标的学习项目。这样的学习项目不同于领导力发展学习项目，具有以下 4 个特点。

- 一是学习项目具有双重作用。不仅要帮助达成业务目标，而且要在这个过程中发展人。

第6章 赋能于人：赋能业务的学习地图

| 目标对象 | 店员 | 店长 | 区域经理 | 大区总经理 |
|---|---|---|---|---|
| 学习内容 | 礼仪规范类课程<br>门店销售类课程<br>产品知识类课程<br>现场管理类课程<br>客户服务类课程<br>客户管理类课程 | 产品知识类课程<br>门店经营管理类课程<br>门店客户服务类课程<br>门店团队管理类课程<br>门店客群经营类课程 | 产品知识类课程<br>门店经营管理类课程<br>区域品牌建设类课程<br>加盟管理类课程<br>客群经营类课程 | 战略管理类课程<br>市场营销类课程<br>运营管理类课程<br>组织发展类课程 |
| 知识图谱 | 服务客户、产品销售 | 门店运营、团队管理 | 门店经营、加盟拓展<br>客群经营、团队管理 | 战略规划、市场营销<br>运营管理、组织发展 |

图6-6 关键业务岗位课程体系

赋能业务　EMPOWER YOUR BUSINESS

- 二是先有事后有人。根据业务问题与目标，企业选择与之匹配的成员，让他们有知识与权限去解决业务问题。

- 三是学习项目强调从培训到落地的闭环，要取得真实的可衡量的学习成果。

- 四是学习项目需要综合运用课堂讲授、行动学习、微咨询等多种方法，学习目的才能达成。

业务绩效与创新训战项目的本质是运用学习内容及知识方法模型，解决真实的业务问题，达成真实的商业成果。以上述连锁零售企业为例。根据门店经营模型以及关键岗位业务课程，企业就可以设计并组织能提升门店业绩的学习项目。这个项目的目的是门店销售额与利润的提升。参与的学员就是目标门店的店员、店长及区域经理，配合实施学习项目的是大区的相关职能部门。

在项目中，首先是企业运用门店经营诊断模型，对每家参与门店进行数据分析并做出经营诊断，发掘关键业绩改善点，确立业绩提升目标。其次，企业根据不同门店特殊问题，从客群、产品、团队3个维度，提出针对性的改进策略。最后，企业生成落地计划，在半年周期内使学习项目实现落地实施。在落地实施期，学习部门组织专家辅导、线上微课、线上信息反馈、关键节点复盘等活动，赋能学习项目，确保业绩成果的达成。

在训战项目中，企业可以对学习项目中所共创出的知识方法进行提炼总结，形成业务岗位内部可以学习运用的工具与方法。这样的做法可以帮助业务部门将学习能力内化，提升自身业务组织能力。

## 第6章 赋能于人：赋能业务的学习地图

在门店业绩提升项目中，企业要先构建门店诊断模型、门店业绩提升策略包等一系列工具与方法，再将这些方法工具教授给区域经理、店长等业务管理者，让他们把工具和方法运用到门店的日常经营管理工作中。这就会改进门店经营管理水平，从整体上提升门店业务组织能力与经营业绩。

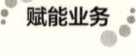

赋能业务　EMPOWER YOUR BUSINESS

**赋能业务清单**

1. 赋能业务方法金三角：赋能于人、赋能客户、赋能组织。

2. 与人才发展从岗位胜任力模型构建学习地图不同，赋能业务的企业学习出发点是战略问题与业务绩效。

3. 业务价值链是赋能业务学习地图的基石。构建业务价值链有3种方法：客户旅程、商业模式画布、平台策略树。

4. 赋能业务学习地图构建的核心是基于业务场景的岗位任务图谱。岗位任务图谱就是主要业务岗位的关键任务清单。

5. 知识图谱是关键业务岗位完成任务所需要掌握的观点、经验、程序等知识信息，能让优秀经验规模化复制与传承。

6. 学习产品化有两个方向，一是设计标准化，二是运营高效化。在赋能业务学习地图中，学习产品主要包含业务定制课程、业务绩效及创新训战项目两个部分。

第 7 章
赋能客户：
赋能业务产出绩效
红利

## 赋能业务　EMPOWER YOUR BUSINESS

业务工作的核心是为客户创造价值。因此，赋能业务的企业学习要想为业务创造价值，取得可见的商业成果，就需要赋能客户，助力客户成功，从而达到自身业务增长的目标。那么，学习赋能客户的底层逻辑与方法论是什么？学习助力业务的关键机理是什么？这些问题正是本章需要回答的问题。

在运用学习与咨询的方法赋能业务的实践中，我们与一批前沿企业共创，取得了非常显著的业务成果。在此基础上，我们将该成果提炼形成了赋能客户的赋能三环方法论。赋能三环是赋能客户的 3 个核心机制与方法，分别是：赋能一线，通过赋权、赋信、赋才、赋利，企业打造面向客户的赋能敏捷前台，激发一线活力；标杆引领，通过萃取客户经营模型，打造标杆客户，引领客户整体进步；实效落地，形成业务与能力的落地闭环，发展客户及团队业务能力，提升业务绩效（见图 7-1）。

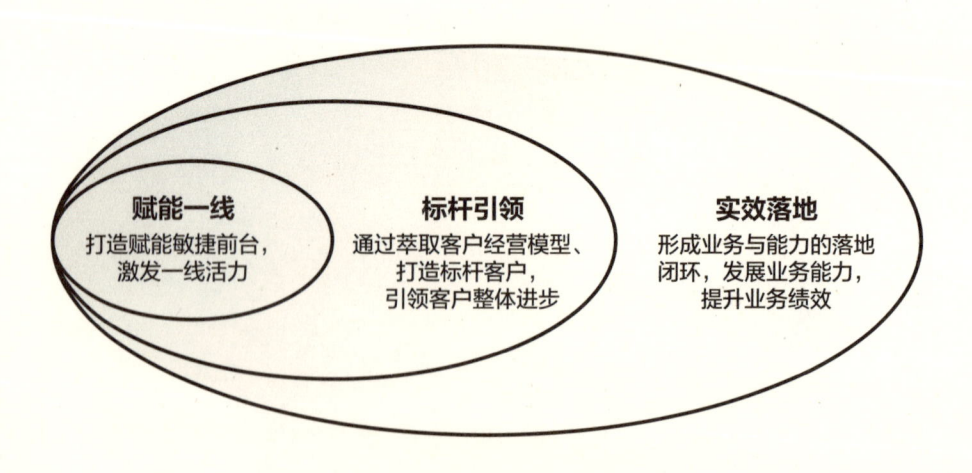

图 7-1　赋能客户的三环方法论

## 第 7 章　赋能客户：赋能业务产出绩效红利

本章以我亲自策划实施的 YJ 集团"经销商卓越运营之道"项目为例，对赋能客户的三环方法论进行说明。

YJ 集团是中国食品领域的领先企业，是一家具有千亿销售规模的企业。其母公司是世界 500 强企业，拥有诸多中国知名品牌。YJ 集团最重要的销售渠道是传统渠道，其米、面、油、调味品、日化等产品大部分是通过遍布全国的 3 000 多名经销商分销出去的。2016 年，随着市场竞争加剧，传统渠道经销商出现老化、不赚钱、配合度不高、销售增长进入瓶颈等问题。细究原因，YJ 集团主要存在以下 3 个痛点问题。

**第一，营销方案统一性与市场特殊性的矛盾。**

传统营销组织的营销方案大多是相对统一的。然而，随着互联网时代大众市场的破裂、小众市场的崛起，不同区域市场的差异性越来越大。这就造成统一的营销方案不够精准、适用性不强、难以发挥作用，营销资源浪费，并带来一系列问题。

对 YJ 来说，在全国 2 000 多个县域，每个市场的客户消费习惯都不同，光食用油领域就存在豆油、菜籽油、花生油、调和油等不同市场。面对千差万别的市场需求，相对统一的新品上市、促销推广等计划方案，就会遭遇水土不服问题。

**第二，营销调整迟缓与市场变化迅速之间的矛盾。**

VUCA 时代已至，市场变化速度有加快趋势。消费人群在变化，消费需求在变化，竞争对手在变化，而且变化的速度越来越快。在传统集权式的营销组织里，一线部门无决策权，当发现新情况后，只能通过层层汇报与指令传递的方式进行反应。信息在传递过程中失真、扭曲，这就造成反应失当与缓慢等问题。

**赋能业务** EMPOWER YOUR BUSINESS

随着消费升级潮流的出现，葵花油、橄榄油、玉米油、稻米油等健康油种在中国粮油市场崛起，客户的消费价格敏感度在降低，健康意识在上升。此外，渠道下沉、深度营销也成为重要趋势。面对复杂又迅速变化的市场，YJ 营销组织如何快速应变、跟上时代潮流，成为重大课题。

**第三，厂商营销目标与经销商利益的矛盾。**

厂商与经销商的目标既有共同之处又有区别。厂商的营销目标是销售增长、产品升级，经销商的目标是收入增长。在传统营销模式下，厂商每年给经销商下达销售任务与指标。在销售不利时，厂家会出现货物积压的情况。经销商为自身利益，常常阳奉阴违，产品市场表现自然大打折扣。

随着竞争日益加剧，YJ 经销商出现老化、经营质量不高、经销商盈利下滑等问题。帮助经销商提高经营质量与盈利能力、激活经销商团队，让经销商与厂商利益达成一致、让产销冲突转变成产销协同，是 YJ 在业务上的关键问题与任务。

2017 年，我受到 YJ 集团邀请为企业解决上述难题并提供赋能业务方案。经过与大量的经销商及销售部门人员进行调研访谈，我们提出了解决这一问题的思路方法。

- 一是企业开发与教授经销商经营管理课程，帮助经销商提高经营管理水平，让经销商赚钱。调研结果显示：大部分经销商老板文化水平不高、经营管理混乱，这些都导致他们难以适应竞争激烈的全新渠道时代。这是经销商盈利困难的重要原因，于是开发与教授经销商经营管理课程、提高经销商经营质量，就成了题中应有之义。

- 二是统一目标，产销协同。从根本利益上来看，厂家与经销商的利益是一致的。厂商与经销商矛盾冲突的根源在于传统 KPI 考核方式，这造成了销售人员为完成销售指标的压货行为。这一行为导致双方利益冲突与不信任，从而影响相互协作配合。因此，解决方式是厂家与经销商建立区域产销协同模式，双方以提升区域市场销量与经销商盈利能力为共同目标，促使厂家市场占有率与利润自然增长。

- 三是企业建立由厂家的一线销售与经销商组成的赋能生意联合体，将区域营销决策权授予"听得到炮火"的赋能生意联合体。该组织是虚拟组织，通过教授组织成员区域营销策划与落地执行的方法赋能成员，使成员们可以根据本区域市场情况，精准规划营销方案，并在执行过程中对其进行敏捷调整。这样就可以实现厂家营销的一地一策，精准营销，快速反应。

## 赋能一线：精准营销，敏捷执行

赋能一线的核心是建设面向客户的营销前台组织，这就需要授权赋能，让营销前台根据市场一线情况，自主决策，敏捷高效地开展营销活动。

赋能一线的作用机理是，企业通过学习的方法激活一线活力，让前线团队自我驱动地工作，从而获得精准与敏捷的市场反应，取得业务增长红利。主要方法是企业通过赋权、赋信、赋才、赋利的四赋方法论，打造敏捷赋能型营销前台，从而充分激发一线经营活力。同时，赋能一线还包含了企业与客户跨组织边界组建联合生意体，共同为最终用户提供服务、创造价值的含义。

赋能业务　EMPOWER YOUR BUSINESS

## 赋能客户的营销组织模式创新

赋能客户的营销组织模式有以下三层含义。

**第一，打造营销前台。**

在VUCA时代，组织在发生深刻的变革。总体来说，从管控到赋能，从金字塔到网络化、扁平化，塑造敏捷高效的小团队是大势所趋。无论是华为的客户"铁三角"、海尔的"小微"模式，还是韩都衣舍的"小组制"，越来越多的企业开始了组织变革的探索实践，打造前中后三台模式。

营销前台是面对复杂动态的市场，能够自主决策、敏捷高效地应对竞争、满足消费者需求的组织。营销前台不同于传统的执行性销售团队，而是拥有当地市场的销售计划制订、市场推广规划、资源匹配计划等决策权的被授权的前台。企业将决策权前移下放，区域营销组织变身为中台，配备市场、产品、推广等多种职能，对前台作战进行炮火支援。

**第二，厂商与经销商跨组织边界深度协同。**

关于经销商及厂商的数字化转型众说纷纭。事实上，厂商与经销商是处在同一价值链条上的，在渠道转型过程中必然是一起转型，哪一方的单独突围都是很难实现的。经销商只有与厂商深度协同，构建全新的组织协作形态，才可能提升整体供应链的价值创造能力，创造比ToB[①]电商更高的效率。

要实现跨组织边界的深度协同，产销双方首先要做到利益一致，企业应当以经销商与厂商长远利益为原则，自下而上地确定目标与实施计划。营销前台

---

[①] ToB 是 To Business 的简称，指面向企业提供服务，与为个人提供服务的 ToC（To Custormer/Consumer）模式相对。——编者注

应跨组织边界，形成由经销商与厂家销售联合组成的虚拟团队，这既保证厂家营销策略得到实践检验，能够落到地上，又大大提升人力成本利用效率。

**第三，端对端的双向信息传递与整合。**

传统渠道模式的重大问题在于渠道各环节之间信息断裂，形成信息孤岛。这导致信息单向传递、扭曲失真，造成营销决策的失误。未来渠道模式的核心特征应当是端到端的信息与数据的双向传递。一端延伸到消费者。渠道不仅要收集终端的销量、竞争、陈列等数据，还需要依靠消费者社群、社区电商的经营，与消费者直接建立关系，收集消费者的使用数据与反馈。另一端延伸到厂商的后台，包括研发、品牌、战略等核心部门。关于消费需求、竞争等环境变化的第一手信息要能够直接抵达后台部门，这就会对厂商大脑决策中枢直接产生刺激，消灭上下信息不对称，让厂家更为敏捷与精准地进行产品开发、业务模式创新、品牌战略调整等工作，使其更快、更好、更准地满足消费者的需求。

## 横亘在组织变革路上的"四座大山"

根据前期调研与咨询策划，我们与YJ集团在如何进行营销组织模式变革上达成了共识。通过赋能客户的营销组织模式变革，企业可以激活一线经销商与销售团队的活力。但是在探索转型的过程中，企业要面临以下4种问题。

**第一，无标杆模式。**

尽管前中后三台敏捷组织变革是趋势，而且华为"铁三角"等模式已经形成，然而在快消品行业，成功的转型先例还没有出现，可供学习借鉴的成熟模式也没有形成。要探索全新的模式，企业就需要研究营销组织、渠道的新架构，前线销售及经销商全新的职责及相互协同关系，赋能客户营销组织运营的主要任务与流程，组织的考核激励机制等问题。这就像是在一个大雾弥漫的黑夜，在没有地图指引的情况下摸索前行。

**第二，角色思维的转变。**

在传统金字塔组织架构中，企业采用的是自上而下的管控模式。在这样的管理模式下，组织高层拥有绝对权力，组织中层是管控枢纽，组织基层只是执行者。组织运行是依靠自上而下的推动力量。所有人得面向上级，听令上级，无视经销商及消费者的声音。赋能客户营销组织模式变革改变了传统的自上而下的管控模式，将上下结构转变为前后结构。其本质是以消费者为中心，将决策权授予听得到炮火的前台，组织运营依靠从前向后的拉动模式。前中后台不是上下关系，而是共同为消费者服务的协同关系。

全新组织的成功运行需要全体员工及经销商深刻理解上述变化，转变角色与思维。总部管理者如何由管控者变为导师和教练，变成为前台服务且提供支撑的管理者？前线销售如何由被动执行者，转型为面向本地市场的主动经营者？经销商能否从仅发挥仓配、订单、资金作用的经营者，转型为市场企划者、终端赋能者、消费者经营者？显然，这些角色与思维的转型是非常不容易的。

**第三，一线能力不足。**

赋能客户营销组织模式变革的另一个难点在于一线能力的不足。当决策权被授予前台后，如果前台能力不足，"一放就乱"的局面就会产生。在赋能客户营销组织变革中，联合生意体就是前台小团队，它需要担当本地市场的规划者、决策者与推动者的角色，相当于具备传统上的总部市场部的两种能力。

一是市场规划策略能力。包括市场研究洞察能力、市场战略规划能力、策略落地能力、动销推广能力、产品专业能力、终端顾问咨询能力等。二是前中后台的协同能力。包括沟通协调能力、内部资源获得和整合能力、组织推动能力等。这些能力显然是原来销售基层员工及经销商所欠缺的。

**第四，内部共识难以达成。**

组织变革的最大难点在于共识的达成。在厂商内部，前中后三台对赋能客户营销组织变革是存在争议的，大家观点并不一致。只有少数人因为相信所以看见，大多数人因为看见所以相信。

## 赋能客户营销组织变革的基本思路

针对上述困难与问题，为有效推动YJ"卓越运营之道"项目，我们采取了以下思想与方法指导具体的变革工作。

**第一，试错与迭代。**

我们是在快消品行业中首次对赋能客户营销组织变革进行创新性探索，在此之前，我们没有成熟模式可供借鉴，因此就需要在实践中试错与迭代。我们要做到小步走，不停步，不求一次到位、全面铺开，而是在实践探索过程中，逐步让转变优化成型。

**第二，干中学。**

角色与思维的转变很难通过说理实现，项目参与人员必须在实际演练中逐步学习与适应。因此，企业需要以项目制的形式，采用全新的渠道组织模式，创造真实场景，在达成绩效的过程中实现人的角色与思维的转换。

赋能业务　EMPOWER YOUR BUSINESS

在真实的项目场景中，企业需要将规划本地市场、做生意诊断、进行组织动员与推动的方法论教授给一线团队与经销商，并让一线团队在实际作战的过程中现学现用指挥作战的方法。此外，企业还要改变考核激励机制，使人才导流方向从向上到向前，将组织中最有才能的人导向前台。

**第三，创造标杆。**

让组织达成共识，从而产生变革的强大势能，是变革成功的关键。既然大多数人因看见而相信，企业就需要在变革过程中树立标杆市场与成功案例，通过一个个小的胜利激发能量，使变革在组织内获得广泛的支持与认可。

## 快消品行业赋能客户营销组织的构建

根据对快消品行业渠道组织的研究与实践，我们提出了快消品行业赋能客户营销组织模式（见图 7-2），其核心是一线作战单元的构建。

华为"铁三角"是 ToB 的模式，是指以客户经理、解决方案专家、交付专家为核心组建项目管理团队。其本质是面向客户的以项目为中心的一线作战单元，其目的是更好地应对复杂多样的客户需求。

快消品行业应当借鉴华为"铁三角"的模式，构建属于 ToC 行业的一线小组作战模式。然而，快消品行业比 ToB 行业渠道链条长。在传统渠道中，厂商需要与经销商合作共同完成渠道推广工作。因此，构建一线作战小组的核心是打破组织边界，将厂商营销组织与经销商团队融合起来，组成联合作战团队。

第 7 章　赋能客户：赋能业务产出绩效红利

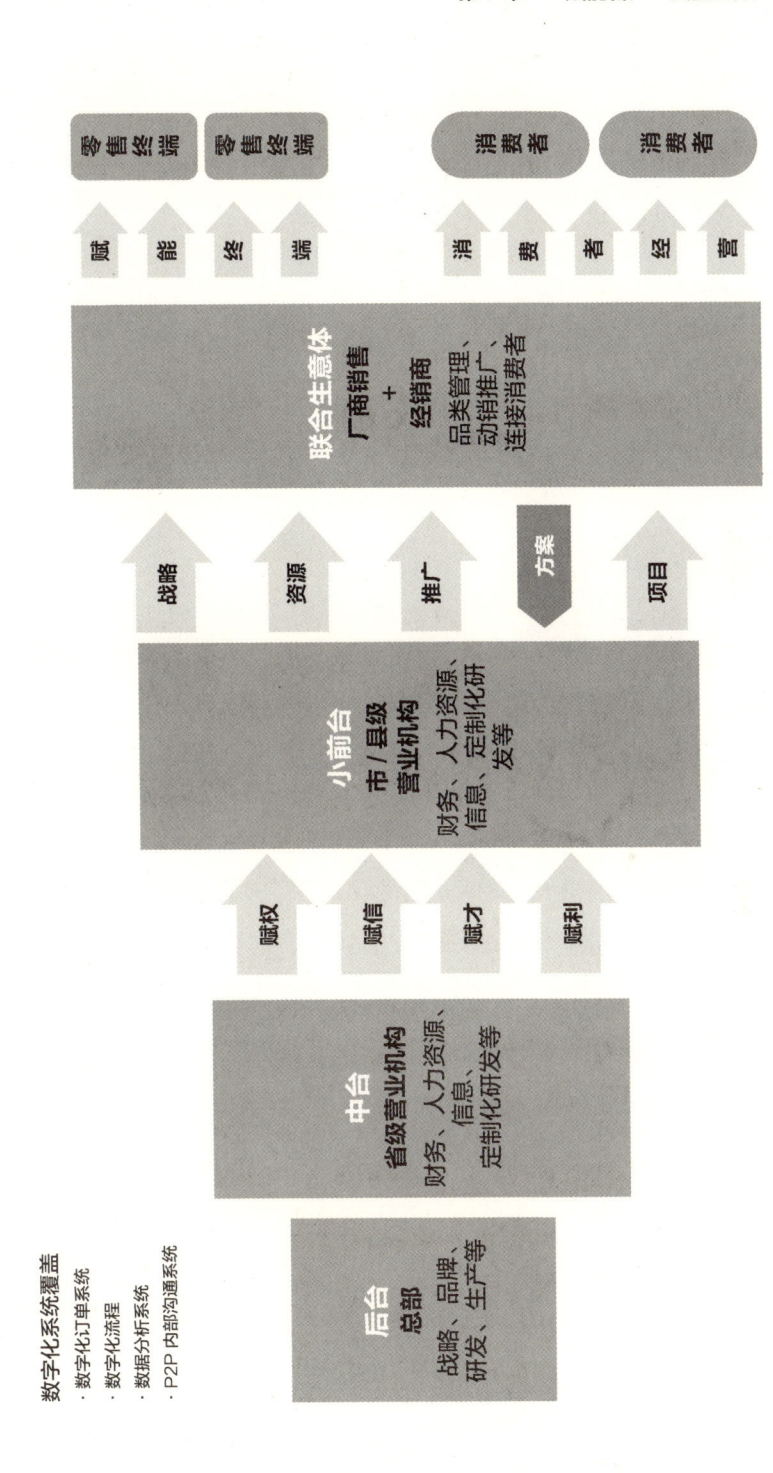

图 7-2　快消品行业赋能客户营销组织模式示意图

151

## 赋能生意联合体，快消品行业的铁三角

赋能生意联合体是跨组织边界，由厂商与经销商共同组建的自主经营体。它是以县级市场为服务对象的，根据市场需求与竞争形势的变化，负责市场策略规划方案的制订，向后呼唤炮火支援，向公司申请各项资源支持，向前指挥业务及服务团队，赋能终端，经营消费者（见图7-3）。

赋能生意联合体同样是由4个角色构成，分别是营销代表、产品专员、经销商和营销前台。

**第一，营销代表。**

营销代表是指代表厂家负责县级市场营销工作的一线营销人员。他们需要长期驻扎市场，深入经销商团队，与经销商老板共同指挥作战。

营销代表的主要职责包括：①经销商业务团队的教练。营销代表负责培训、激励、复盘、组织经销商业务团队，达成业务目标。②经销商生意顾问。借助生意健康体检系统[①]，营销代表定期帮助经销商对生意进行复盘与回顾，提出改进生意的建议。③市场信息的搜集者。营销代表走访一线市场，搜集消费者、终端小店以及竞品信息，实施终端掌控。④市场策划方案的参与者。营销代表是县级市场产品升级策略、终端覆盖策略、消费者教育等方案制订的参与者。

**第二，产品专员。**

产品专员是指产品大类的负责人，他负责产品大类的研发、市场策划、上市推广等工作。产品专员在传统上被放在营销总部或是大区销售公司中，在赋

---

[①] 生意健康体检系统即生意指标检测标准。本书第167页对此标准进行了解释。——编者注

第 7 章 赋能客户：赋能业务产出绩效红利

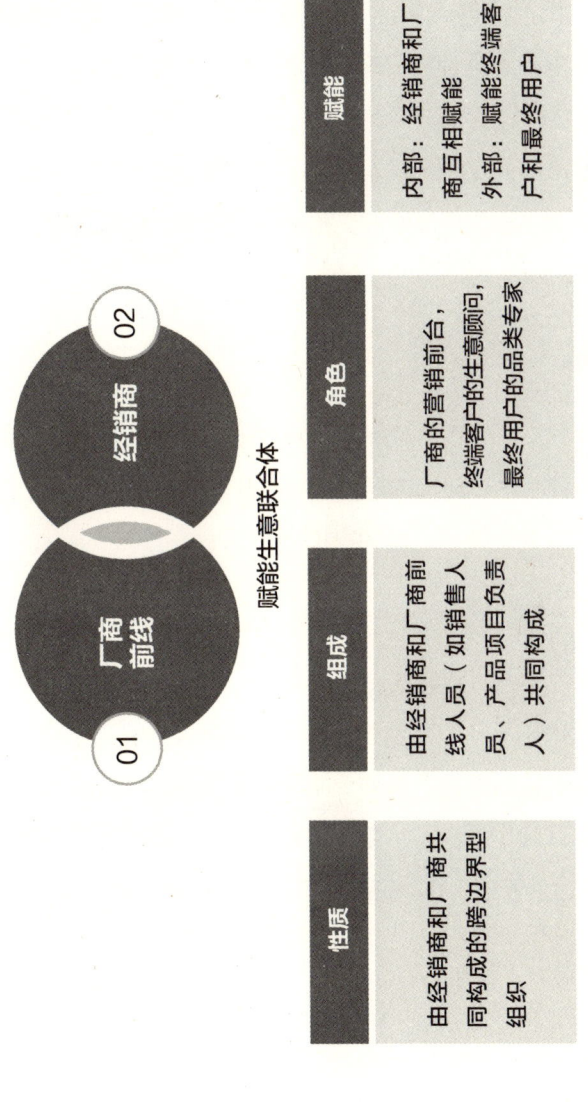

| 性质 | 组成 | 角色 | 赋能 |
|---|---|---|---|
| 由经销商和厂商共同构成的跨边界型组织 | 由经销商和厂商前线人员（如销售人员、产品项目负责人）共同构成 | 厂商的营销前台，终端客户的生意顾问，最终用户的品类专家 | 内部：经销商和厂商互相赋能<br>外部：赋能终端客户和最终用户 |

赋能生意联合体

01 厂商前线
02 经销商

图 7-3 赋能生意联合体的组建与主要功能

153

能生意联合体中厂商将这个职能下沉到前台，使其变成联合体的重要一环。

产品专员的主要职责包括：①产品组合的规划者。产品专员负责县级市场新产品的上市、老产品的淘汰、成熟产品组合的维护。②消费者研究与教育者。产品专员对市场消费者与消费需求进行研究，反馈市场信息，规划消费者教育活动方案。③产品定制方案提出者。产品专员根据市场洞察与消费者研究，提出本地市场产品的定制化研发方案。④终端赋能策略的规划者。产品专员根据本地市场终端小店的具体情况，提出终端陈列、促销活动、促销人员匹配的具体策略方案。

**第三，经销商。**

在传统渠道模式下，经销商老板是谈判对象，是组织外部的生意主体。在赋能客户营销组织模式下，经销商老板是被赋能的客户，是赋能生意联合体中的重要角色。

经销商老板的主要职责包括：①营销目标与方案的共同提出者。经销商与厂商共同设定当地市场的营销目标，策划方案，投入人、财、物资源。②生意质量的提升者。经销商关注生意体检指标，发现问题、规划方案、持续改进。③业务团队的"司令"。经销商负责对一线业务团队的招聘与组织管理，设计薪酬激励制度，指挥日常作战。④运营管理的负责人。经销商负责订单、仓管、配送、应收账款等运营管理工作，提升效率与服务质量，降低运营成本。

**第四，营销前台。**

为了支撑赋能生意联合体的工作，厂商需要构建营销前台，为前线提供及时的炮火支持。厂商对原来的地市级销售办事处进行改造，将原来的销售派出机构，改造成具有完善的营销职能的联合作战机构。

新成立的营销前台的职能包括：市场宣传与策划、产品与项目管理、消费者研究与教育、渠道策略与推广、销售预算与计划等。营销前台的主要工作是根据一线的需求做出迅速响应，全面支撑赋能生意联合体的作战。当然，营销前台还需要将营销战略与品牌发展思路贯彻到一线工作之中。

## 赋能生意联合体的运营

赋能生意联合体的本质是厂商和经销商通过构建一支被充分授权、自我驱动、敏捷高效的一线作战团队，达到提升营销效率、降低营销成本的目的。因此，企业的运营机制需要做出改变，赋能生意联合体才能有效运作起来。新的运营机制可以从赋权、赋信、赋才、赋利4个方面安排。

**第一，赋权：让听得到炮火的人进行决策。**

赋能生意联合体被授予充分的营销决策权，有权设定本地营销目标、规划产品组合、制定营销策略方案。在执行过程中，赋能生意联合体发现新的情况与问题，有权自主灵活调整，敏捷反应。赋能生意联合体拥有对业务团队的招聘、考核与分配权，可以自主设定绩效考核方案，激励一线团队。赋能生意联合体拥有自主经营权，根据经销商生意体检复盘结果，自主规划与执行生意改进计划。

**第二，赋信：提供资源、信息与服务。**

在传统模式下，促销费用、陈列费用、导购人员费用等营销资源是采用自上而下的模式分配的，分配原则一般是基于销售额的比例。由于企业对营销一线情况并不了解，就不可避免地产生资源浪费。

在赋能生意联合体模式下，资源配给是采用自前向后的拉动模式。赋能生意联合体先制定营销方案，申请营销资源的支持。营销前台根据营销方案的有效性与合理性来评估、分配相应营销资源。这个模式更加精准，极大提升了营销费用的使用效率。此外，市场信息、媒体宣传、产品培训、研发定制、推广活动等市场支援，同样遵循从前向后的拉动模式。

**第三，赋才：一线能力提升是关键。**

赋能生意联合体有效运营的关键是一线团队能力的提升。从赋能生意联合体的组织设计中我们可以看出，销售代表的职责发生了根本性的变化。销售一线需要承担市场企划、生意顾问、团队教练等多种角色，且必须具备市场研究与策划能力、经销商生意诊断与改进能力、团队领导能力、组织落地能力等。这就使这一模式面临着重大的挑战。营销后台必须安排有效的赋能手段，训战结合，在作战的过程中提升一线能力，帮助他们承担起自身的责任。

**第四，赋利：吸引组织优秀人才走向前台。**

营销一线缺乏人才的重要原因是激励机制存在问题。在传统组织金字塔结构中，随着组织层级的上升，收入与权力相应上升。因此，组织中最优秀的人都拼命向上爬，力争获取更好的职业发展。

在赋能生意联合体模式下，营销组织并非是上下层级关系，而是前后关系。营销前台才是真正产生业绩的重要部门，这就需要企业组织利用激励政策的杠杆作用将优秀人才向前引导。

赋利就是要变革营销组织的分配机制，将利益分配向创造价值的前台部门倾斜，吸引更多的优秀经营人才进入一线团队，服务客户，为组织创造价值。

第 7 章　赋能客户：赋能业务产出绩效红利

## 标杆引领：敏捷共创业务经营模型

标杆引领是赋能客户的第二种有效方法。它是指企业通过萃取提炼客户经营模型，打造标杆客户，引领客户整体进步。当组织存在大量渠道客户时，标杆引领的机会就出现了：企业通过提炼总结标杆客户的经营经验，形成可以复制学习的经营模型，并通过向后进客户推广标杆经营模型，提升客户群体的整体经营水平与业绩。

客户经营模型构建的主要方法是基于问题的共创、标杆优秀经验的萃取、理论的建构。在这里，双螺旋知识共创方法论，即内部经验与外部标杆实践、学习方法与专业内容的结合，是高质量产出的关键所在。

### 学习内容建设的双螺旋知识共创方法论

赋能业务学习内容建设的关键在于从业务场景出发，发展个性化、针对性的学习内容，直接为业务工作创造价值。

受到 2020 年新型冠状病毒肺炎疫情的影响，企业学习在线化、数字化的趋势在加快。在纷纷上线在线学习平台之后，企业却发现在线学习内容的缺失是一个大问题。许多企业用从外部采购来的标准化课程搭建企业学习的基础内容，却发现课程与企业的实际业务场景相差甚远，员工的学习效果并不理想。一些企业采取了经验萃取的方法定制业务课程，这虽然取得一定效果，但还是存在一些问题，主要体现在以下几个方面。

**第一，内容碎片化，缺乏系统性**。企业用知识萃取的方法，对一线业务专家的经验进行提炼，制作成课程。这些课程的确是从业务实际中来，却受制于一线业务专家经验过于碎片化和个性化的问题，只是停留在经验分享的层面，既难以解决特定的业务问题，又无法对业务岗位任务完成提供整体指导。

**第二，内容受制于企业经验，缺乏前沿性与先进性。**如果企业仅通过内部经验萃取的方法进行知识内容建设，这是很难解决企业当下与未来的问题的。因为，这些经验来自企业过去的经营实践，缺乏前沿性与先进性。企业面临新的环境与问题，用过去的经验难以解决新的问题。

**第三，内容陈旧，持续更新迭代速度不够。**企业学习需要为业务创造价值。业务是不断变化的，内容自然需要根据最新的业务实际相应发展。而企业过去开发课程与建设内容的基本模式是静态化的。内容一经设计完成，就持续不变，这导致学习内容陈旧落伍。企业缺乏持续产生高质量学习内容的机制。

针对企业学习内容建设的痛点及难点问题，我们提出了双螺旋知识共创方法论，帮助企业持续产生支撑业务的高质量学习内容。双螺旋是指组织经验与标杆实践的融合、学习技术与主题知识的融合（见图7-4）。

具体来说，双螺旋知识共创方法论是指在组织知识与学习内容建设的过程中，企业既要注重组织内部原有隐性知识的萃取，又要结合外部标杆经验与先进实践。企业既要运用知识萃取、敏捷共创、课程开发、学习项目等学习技术，还要根据业务场景与主题，引入主题内容的知识理论框架，从而确保企业学习内容的系统性、前沿性与迭代性，使企业学习直接为业务创造价值。

**螺旋一：组织经验与标杆实践的融合。**

在企业学习内容的建设过程中，企业为什么要将组织经验与标杆实践相结合呢？主要原因是确保知识的创新性。

爱因斯坦曾经认为，人不可能在原有的认知水平上解决问题，因为原有的

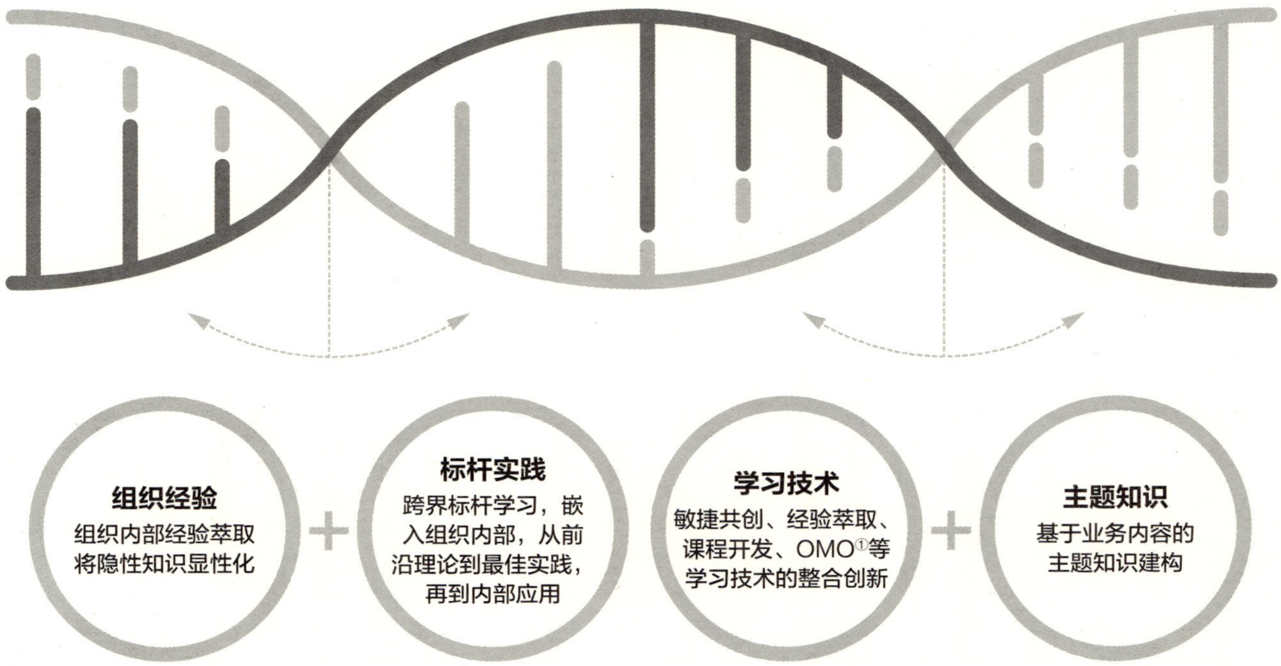

第 7 章 赋能客户：赋能业务产出绩效红利

图 7-4 双螺旋知识共创图

主题知识
基于业务内容的主题知识建构

＋

学习技术
敏捷共创、经验萃取、课程开发、OMO[①]等学习技术的整合创新

＋

标杆实践
跨界标杆学习，嵌入组织内部，从前沿理论到最佳实践，再到内部应用

＋

组织经验
组织内部经验萃取，将隐性知识显性化

① OMO 是 Online-Merge-Offline 的缩写，指线上线下融合学习模式。——编者注

159

思维方式正是造成问题的原因。组织内部经验固然重要，但是经验是过去的，如果环境变化了，经验就是束缚人创新的绳索。

组织内部容易形成固化思维，要打破这一思维，企业就需要引入外部的经验与实践，尤其是标杆性、前沿性的实践。这样管理者才能打开视野，产生全新的灵感，与组织实践相结合，产出创新性的新知。

在 VUCA 时代，商业环境动荡多变，全新的业务问题层出不穷，商业知识的更新速度在加快，这就决定了要创造高质量的学习内容，企业一定要向外看环境，不能只是向内看自己。组织经验是向内看的、静态的，而外部标杆实践是向外看的、动态的。组织经验固然可贵，但是它是从组织过去的经营过程中沉淀下来的，是否能适应新形势的发展，它需要依靠与外部标杆实践的对比与验证，得到更新与升级。

在学习内容的建设过程中，企业可以根据业务主题，邀请外部专家，就相关主题分享案例与实践经验，并在此基础上将组织经验与本企业实际相结合，产出落地方案与新知。

**螺旋二：学习技术与主题知识的融合。**

企业学习内容的建设还需要学习技术与主题知识的融合。学习技术的作用是将组织内部隐性知识显性化，形成课程等学习产品，例如，知识经验萃取技术。通过访谈、案例、共创等方式，该技术能够帮助我们将一线业务专家的经验提炼总结成可以学习的内容。然而，正如前文所言，这样做的问题是学习内容的碎片化与落后性。

因此，这就需要企业基于业务主题的系统化理论建构学习内容。企业先根据业务价值链的关键环节，梳理不同岗位的关键任务图谱，再根据关键任务主题，结合主题相关知识与理论，进行模型建构。在搭建基于主题的系统理论模型的基础上，企业再通过共创，将一线业务专家的经验融合进去，高质量的学习内容才能产生。

如果基于业务主题的理论建构是骨骼，那么一线业务专家的经验就是血肉，企业只有将二者相互融合，才能产出形神兼备的知识产品。这样的知识产品既具有系统性，又具有场景化和针对性。

此外，企业学习内容的建设不是一蹴而就的，业务是动态发展的，学习内容就需要不断发展，得到持续更新迭代。那么，如何实现呢？企业需要将知识与实践结合，在业务实践中产出新知。敏捷共创正是这一结合的底层方法。通过启动敏捷共创学习项目，企业聚焦业务问题，利用内外部专家的共创，使项目敏捷迭代并落地，并在实践中复盘反思，验证旧知，产出新知，进而形成知识产品，建构起学习内容的更新与迭代机制。

## 赋能生意联合体方法论的敏捷共创

以 YJ "经销商卓越运营之道"项目为例，赋能客户需要全新的学习内容。由于市场上没有现成的经销商经营管理课程，企业需要针对性研究与开发学习内容。然而，企业开发经销商经营管理课程会面临很多困难。

一是经销商的经营管理涉及方方面面，但又具有特殊性，因此企业需要对其进行系统梳理与建构。二是经销商老板大多文化水平不高，语言表达能力不强，这就为经验萃取带来难度。三是市场上关于经销商管理的课程很少，企业没有可供参考的资料。四是经销商不是独立的经营主体，针对其进行的课程开发还要考虑到经销商与厂商的协同问题，这就增加了课程开发的复杂度。

赋能业务　EMPOWER YOUR BUSINESS

根据双螺旋知识共创方法论的思想，我们采用了以下步骤与方法。

**第一，调研访谈与经营体系框架建构。**

开发高质量学习内容的前提是构建起理论体系。只有构建出完整清晰的理论体系，企业才能按图索骥，开发有针对性的学习内容。为了建构这样的理论框架体系，我们与样本经销商进行了深度访谈，了解到他们的经营现状。我们还对YJ集团的渠道部、项目部及分公司进行了调研，了解到他们的营销渠道策略、厂商对经销商的期待与要求。我们还研究了数字化时代的快消品渠道发展的最新趋势。

在这些工作的基础上，我们采用经营任务图谱建构的方法，建构出经销商经营管理的"三元六步法"（见图7-5）："三元"是终端制胜、敏捷运营、组织高效，"六步"是产品组合、客户开发、精益物流、资金效益、组织管控、团队赋能。

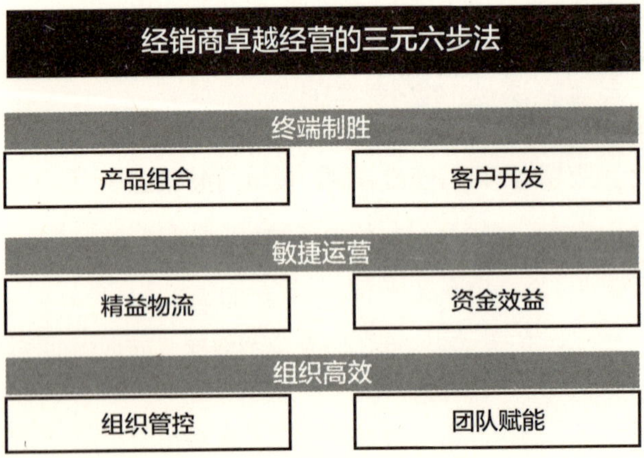

经销商卓越经营的三元六步法

| 终端制胜 |  |
|---|---|
| 产品组合 | 客户开发 |

| 敏捷运营 |  |
|---|---|
| 精益物流 | 资金效益 |

| 组织高效 |  |
|---|---|
| 组织管控 | 团队赋能 |

图7-5　经销商经营管理体系框架

此外，为了帮助经销商做个性化经营诊断，我们还以杜邦分析法为基础，建构起经销商经营诊断系统。它是一个财务分析模型，以经销商投资回报率为目标。企业根据经销商经营的具体情景，萃取出 23 个核心经营指标。通过对经销商核心经营指标的分析，以及与参考标准的对标，企业能够发现经销商经营中的短板与问题，从而采取针对性的举措。其本质就是一张经销商的数据经营总图，经销商按图索骥，就能不断改善经营，提高投资回报率。主要指标围绕经销商生意质量的改善，分为 3 个类别，分别是开源指标、节流指标与增效指标。

**1. 开源指标：** 包括销售增长率、高毛利产品占比、终端活跃度等指标，检测的是经销商获取收入的能力。

**2. 节流指标：** 主要包括坪效、车效、人效、坏账率、商品损耗率等指标，检测的是经销商节省成本费用的能力。

**3. 增效指标：** 主要包括存货周转率与应收账款周转率，检测的是经销商资产周转的速度。对于商贸企业来说，资产周转率是非常重要的指标，由于这种企业的毛利率普遍不高，企业间比拼的就是资产周转速度。在同样的销售毛利率水平下，企业的资产周转速度越快，投资回报率越高。

**第二，主题知识与标杆经验的准备。**

经销商经营管理模型的建构就如同骨架的搭建，而血肉的填充就需要企业在主题知识与标杆经验方面做准备。

**1. 主题知识：** 根据经销商经营管理三元六步法，企业需要准备财务管理、市场营销、物流管理、团队建设、组织绩效等方面的主题专业知识，利用这些专业领域的理论框架建构课程逻辑。由于经销商经营管理的特殊性，企业单纯照搬这些理论知识是不行的，还需要对经销商的标杆经验进行萃取。

**2. 标杆经验：** 因为经销商的经营管理面临同样的问题，企业可以选取优秀的标杆经销商，萃取他们的经验，再将其分享给后进的经销商，这是非常有效的学习策略。

**第三，卓越运营之道共创工作坊。**

为了萃取优秀标杆经销商的经验，我们从全国 3 000 多名经销商中选择了 30 多位表现卓越的经销商，开始准备经销商卓越运营之道共创工作坊。

经销商卓越运营之道工作坊全程历时五天四晚，由标杆经销商、YJ 营销分公司总经理、财务专家、物流专家团队，总共 60 多人共同参与。共创工作坊的主要内容是：团队成员围绕三元六步法，共创讨论，萃取经验，形成可以复制学习的经销商卓越经营之道"葵花宝典"。为确保高质量的产出，我们运用敏捷共创技术方法，设计了以下几个实施环节。

**1. 问题提炼。** 共创工作坊的工作内容是企业以业务问题为牵引，形成共创成果。因此，整个工作坊是围绕业务问题进行设计的。企业根据三元六步法中的 6 大领域，提炼其中的关键问题。

产品组合：如何进行多品类经营？如何通过产品升级实现收入毛利增长？如何推广新品实现增长？客户开发：如何进行定制化服务？如何开发重点店与村镇店？中小餐饮终端直接开发服务模式如何做？精益物流：如何整合物流仓储资源，提高物流效率？如何在不断货的情况下确保最低库存？如何在提高客户响应率的情况下降低物流成本？资金效益：如何缩短应收账款账期？如何降低坏账率？如何善用资金杠杆？组织管控：如何调整组织架构，实现多品类经营？如何建立平台型服务运营商的高效管理流程？团队赋能：如何建立利益共享机制？如何打造一支有战斗力的队伍？

**2. 知识经验传授**。在共创之前，企业还需要传授相关问题的知识经验，目的是打开共创者的思路，拓宽其视野。只有高质量的输入，才能激发高质量的产出。企业可以从两个方面进行知识经验的传授。

- 一是专家知识讲授。围绕研讨问题，企业邀请相关内容专家传授行业知识。我们邀请了粮油行业专家、营销专家、财务专家、物流专家、人力资源专家，让他们在工作坊现场针对问题授课。专家传授的不是理论框架，而是传授针对性的知识，这样学习内容才能精炼高效。

- 二是标杆经验分享。在共创之前，企业根据访谈调研信息，邀请在特定问题上有优秀实践经验的经销商提前准备，在工作坊现场分享他们的经验。标杆经验针对性强，能够有效启发经销商的思路。

**3. 研讨共创**。研讨共创环节是工作坊的核心环节，这个环节的关键是项目各方共创产出高质量的学习内容。为了更好地实现这个目标，我们从 2 个方面对共创环节进行了优化设计。

一是优化了共创小组角色设定。每个小组 8 人，经销商 5 人，YJ 集团内部财务专家、物流专家、营销专家各 1 人，YJ 分公司总经理做组长。这个设计的好处是角色多元。经销商是以分享经验为主，专家负责梳理经验的逻辑并将其提炼成内容，双方相互配合，形成合力。二是优化了过程设计。每个共创环节分为聚焦问题、分享案例、提炼成功要素与操作要点 3 个部分。

我们发现，让经销商有逻辑和条理地介绍经验是困难的，这需要经销商具有总结与归纳能力。但是，如果让他们分享自己的故事与经验，他们往往会滔滔不绝，讲得非常精彩。因此，我们的方法是将这个过程倒过来，先让经销商讲故事，再由专家提炼总结经验。具体做法如下。

（1）请每位经销商思考：针对本小组提炼的关键问题，你是如何做的？有哪些好的做法和经验？（2）经销商按照案例背景、矛盾问题、解决方案、成果体悟的顺序进行思考和分享。（3）经销商按照顺序分享案例，每位经销商分享5分钟，分享时，其他人不打断、不提问。（4）分享时，其他人倾听，并在卡片上记录该解决方法的关键成功要素和关键操作要点，一卡一条。（5）分享完毕，其他人提问，分享人回答，用时3分钟。其他人记录关键成功要素和关键操作要点。（6）以上活动分组完成。

由于共创任务重，内容产出丰富，共创工作坊历时五天四晚，学员非常辛苦。为了鼓舞士气，我们还设计了竞赛环节，借此激发经销商的好胜心，提高其投入度。由于工作坊内容设计契合经销商实际情况，现场讨论的氛围火爆。原定讨论到晚上九点钟结束，大多数小组都主动加班到深夜。为准备最终汇报，许多小组最后一晚通宵作业。

**4. 产出总结**。五天四晚的工作坊的产出是非常丰厚的。我们在各小组共创成果的基础上，对经销商经验进行了精细化的梳理与总结提炼，形成了以下产出成果（见图7-6）。我们后期以这些高质量学习内容为基础，开发经销商课程体系、学习项目等学习产品。成果共分为四类。

- **一是生意指标检测标准**。由于不同规模经销商的体量不同，经营财务标准自然会有差异。因此，我们划分出5种规模的经销商，

第 7 章　赋能客户：赋能业务产出绩效红利

分别是 1 000 吨以下、1 000～3 000 吨、3 000～5 000 吨、5 000～10 000 吨、10 000 吨以上。我们根据经销商规模将其分成不同的小组。每个小组将自己的相关生意指标拿出来讨论，形成参考区间值，最终形成 23 个生意指标检测标准。经销商生意指标检测标准就像是生意健康体检表。根据各个指标上的检测结果，我们来判断他们经营上出现了什么问题，得了什么"病"，再对症下药。

| | |
|---|---|
| 1 指标体系 | 23个生意指标检测标准 |
| 2 策略体系 | 三元六步法<br>182个关键成功要素 |
| 3 执行要点 | 分解每个关键要素<br>683条执行策略和要点 |
| 4 标杆案例 | 38个卓越经销商标杆案例 |

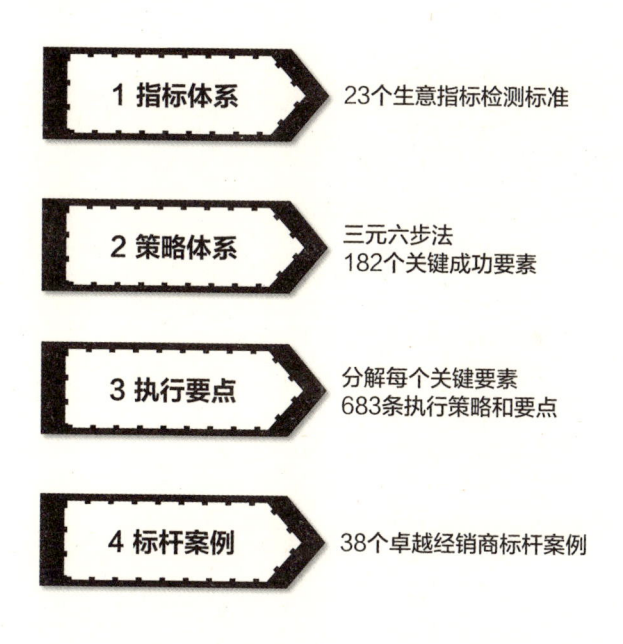

图 7-6　卓越经营之道共创工作坊成果体系

- **二是策略体系与执行要点。**在三元六步法的框架体系下，我们基于分解的关键问题，通过共创产出 182 个关键成功要素。通过对每个关键要素的分解研讨，我们产出了 683 条执行策略和要点。

目标是学习内容要让人一看就会，易于学习与复制经验。

- **三是标杆案例**。为了让经销商卓越经营之道"葵花宝典"的内容生动具体，我们还要求各小组针对策略与执行要点，提炼总结标杆案例。整个工作坊产生了 38 个卓越经销商标杆案例。

## 实效落地：能力提升与绩效达成一体两面

赋能客户要落在地上、产生绩效，企业就必须设计落地实施的闭环。这个闭环是一体两面的：一个是业务落地闭环，重点在于事的达成，解决业务问题，取得业务绩效；另一个是学习赋能闭环，目的在于人的培养，重在客户及业务团队能力的提升。

实效落地的作用机理是企业以项目方式组织推进机制，运用学习的方法赋能业务执行的过程，提升业务落地的效率与效果。实效落地的方法有计划制订、复盘优化、项目激励、知识补充、导师辅导、团队能量管理等。

赋能客户的落地闭环具有如下意义与作用：

- **一是获得商业成果**。获得可衡量的商业成果是检验学习是否有效的重要指标，也是学习为客户创造价值的关键因素。如销售收入的提升、产品结构的改善、成本的下降等，这些都是典型的赋能客户的商业成果。要获得这样的学习成果，企业就需要将学习与业务工作实践紧密结合，打造落地闭环。

- **二是探索验证新知**。一方面，赋能客户的落地闭环是一个知行合一的过程。企业将共创策略在实践中进行检验，现实的环境是一个复杂的黑箱，只有在现实的土壤中，企业才能验证新知是否正确。另一方面，这还是一个认知精进、抵达真知的过程。通过对实践结果及过程的反思复盘，企业不断优化策略与方案，直到它们成熟且可复制推广，这个落地闭环能够产出高质量的知识内容。

- **三是组织能力提升**。在实战中发展能力是赋能业务的企业学习的基本原则。因此，通过学习落地闭环，创造真实的业务场景与挑战等重要手段，企业可以发展客户业务能力。此外，组织能力的提升还不仅限于个体能力的提升，还包括部门间的协同、组织文化的凝聚与共识。业务绩效学习项目的推进与落地，本身就需要多部门协同，也需要挑战与竞争。这就会激发组织活力，提升组织能力。

赋能客户的学习，应当与业务实践紧密结合，才能真正获得业务成果，而这一闭环的完成，也是管理者从理念到行为的"知行合一"闭环的完成。

YJ集团卓越运营之道项目同样通过落地闭环进行推动。在萃取了经销商经营知识之后，企业将所萃取的经营知识转化为可落地的项目。在项目的周期内，企业让经销商与前线销售一起学习、共创，形成落地计划，并在自己的区域落地实践，最终取得销量提升、利润增长等商业成果。这个项目给我们的启示有如下几点。

**赋能业务** EMPOWER YOUR BUSINESS

**第一，以经销商生意质量提升为项目目标。**

经销商卓越运营之道项目要以经销商生意质量提升为目标。赋能渠道变革的关键是经销商环节。经销商不赚钱，配合度低，是 YJ 急需改变的核心问题。

以提升经销商生意质量为目标，项目就能够最大限度获得经销商的支持。同时，随着经销商业绩提升，YJ 营销业绩就会增长，公司与基层销售也会为项目提供支持。以经销商业绩提升为目标，项目就能以此为牵引，通过打造联合生意体，拉动赋能客户组织机制的形成。

**第二，以生意洞察、生意规划、生意落地为 3 大改进系统。**

经销商生意质量提升需要具体方法论的支撑，这些方法主要包括 3 个方面（见图 7-7）。

**1. 生意洞察系统。** 经销商生意提升的前提是项目要对其具体的病症与问题做出精准的诊断，下药方、出方案，经销商才能有效改进业绩。我们针对经销商经营真实情景，以杜邦分析法为基础提炼了 23 个生意指标检测标准，构建了经销商生意诊断系统，将其作为生意诊断的工具。除此之外，我们还针对经销商所在的区域市场，进行消费者与消费趋势洞察、竞争对手及竞争形势分析。通过两方面的分析诊断，项目产出的是经销商市场定位与目标。

**2. 生意规划系统。** 经销商需要有具体的策略与方法指引来改善生意。根据经销商经营特点以及前期对其进行的大量的调研与咨询工作，我们开发了帮助经销商改进生意的三大引擎，分别是产品升级、竞争制胜与团队激活。之后，我们结合标杆经销商实际案例与经验，提出了可学习的经销商经营策略宝典。在这个阶段，联合生意体通过学习三大引擎，产出的是一地一策的卓越经营策略。

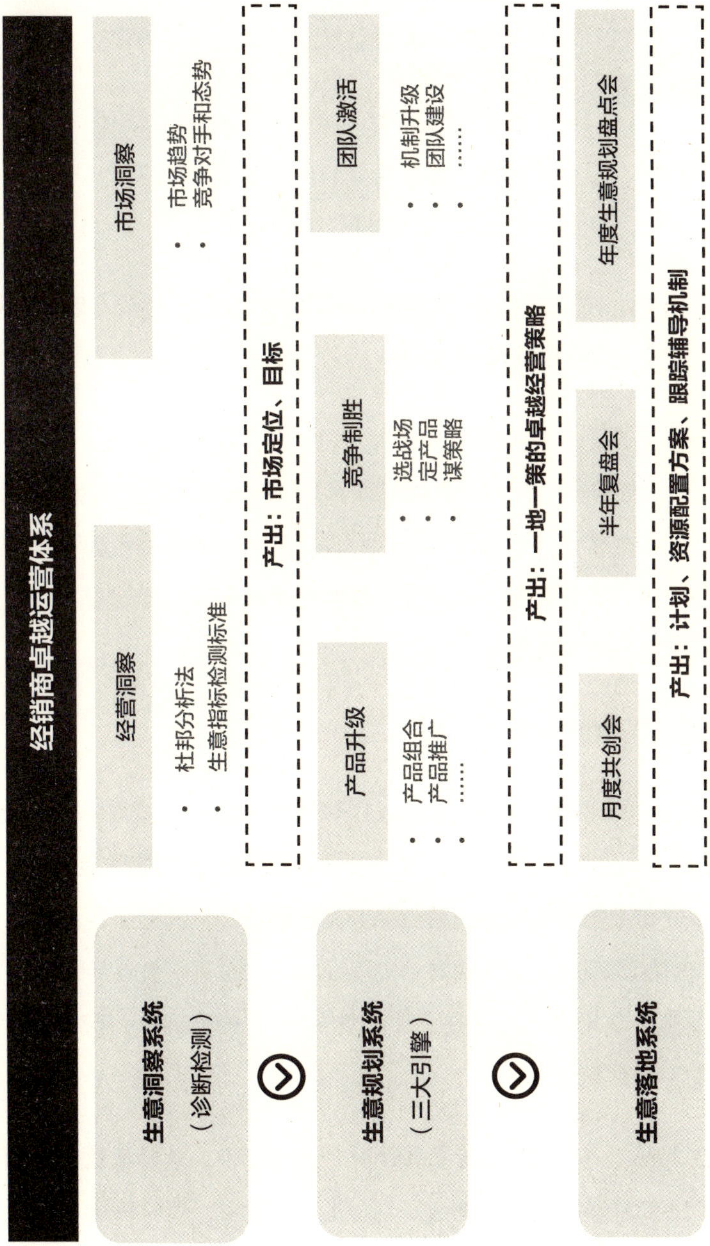

# 第 7 章 赋能客户：赋能业务产出绩效红利

## 经销商卓越运营体系

**生意洞察系统（诊断检测）**

- 经营洞察
  - 杜邦分析法
  - 生意指标检测标准

- 市场洞察
  - 市场趋势
  - 竞争对手和态势

产出：市场定位、目标

**生意规划系统（三大引擎）**

- 产品升级
  - 产品组合
  - 产品推广
  - ……

- 竞争制胜
  - 选战场
  - 定产品
  - 谋策略

- 团队激活
  - 机制升级
  - 团队建设
  - ……

产出：一地一策的卓越经营策略

**生意落地系统**

- 月度共创会
- 半年复盘会
- 年度生意规划盘点会

产出：计划、资源配置方案、跟踪辅导机制

图 7-7 "经销商卓越经营之道"实施方法论系统

**3. 生意落地系统**。前线销售与经销商组成的联合生意体根据体检结果找准突破点，借助所学的"葵花宝典"，规划自身的改进计划与方案，并在6～8个月里将其落地实施，之后复盘反馈。

在这个过程中，月度共创会、半年复盘会及年度生意规划盘点会是必要活动，产出的是计划、资源配置方案、跟踪辅导机制。

此外，由市场、产品、渠道、财务组成的支持前台，服务与支持前线作战，为其提供炮火支援。作为第一责任人的省公司总经理，负责组织推动整个项目的实施。

营销总部、HR部门、专家团队组成项目指挥与赋能团队，负责教授知识工具、规划运营规范标准、评估项目、萃取提炼、建立项目组织运营机制。为落实项目绩效考核，企业将经销商业绩达成目标考核与营销资源投入挂钩，确保经销商与前线销售的积极投入。

**第三，实效落地的两条线。**

从学习到落地闭环的打造，企业可以以时间轴为基础，对业务生意线与学习赋能线进行设计，完成整体闭环。业务生意线是指在项目周期内参与项目的业务部门及人员的主要任务安排，其目标是完成销量及利润增长等目标。学习赋能线是指在项目周期内用学习的方法赋能业务、发展客户及业务团队能力的过程。业务生意线与学习赋能线是一个整体的两个方面，相互配合、相互影响，共同构成了整体学习闭环。

**1. 业务生意线**。在YJ经销商卓越经营之道项目中，业务生意线主要由4个部分组成，分别是年初生意共创会、月度生意共创会、半年生意复盘会、年终生意盘点会。

## 第 7 章　赋能客户：赋能业务产出绩效红利

- **年初生意共创会：**

    年初生意共创会由经销商及前线销售共同参加，以 1+1 模式构成一个生意联合体。会议主要内容是生意诊断、目标制定、策略规划、落地计划 4 个部分。

    具体来说，首先，企业根据生意洞察系统中的财务指标体系诊断每一个经销商的生意情况，分析当地市场的增长机会及竞争态势。其次，以此为依据，企业制定区域年度营销目标、经销商经营改善重点目标。最后，企业依据产品升级、竞争对标及团队激活三大引擎增长策略，让赋能生意联合体制定各自具体策略，匹配资源，形成可以落地的行动计划。

- **月度生意共创会：**

    月度生意共创会是在赋能生意联合体落地年度规划计划期间，项目针对月度执行情况与最新的市场情况，开展的月度共创会议。这个共创会由厂商前线销售、项目负责人、经销商老板、业务团队共同参加。各方通过会议交换信息，反思执行计划，调整与优化执行策略，形成下个月的执行计划。

- **半年生意复盘会：**

    半年生意复盘会是由分公司组织召开的，参与对象除了赋能生意联合体外，还有分公司产品、渠道等专业职能部门。会议目的是企业整体评估计划的执行结果，分析执行结果产生的原因，总结普遍规律。并在此基础上，企业优化调整下半年度计划目标。

● **年终生意盘点会：**

年终生意盘点会主要功能是评估与总结表彰。由分公司组织，项目对赋能生意联合体年度的经营成果进行评估，主要指标包括销量、产品结构、利润增长等定量化指标。随后，企业根据评估结果进行激励，对优秀的赋能生意联合体进行表彰，对优秀案例与经验进行萃取总结。

**2. 学习赋能线。** 学习赋能线的目标是业务组织能力的提升与发展，主要包括整体规划、过程赋能、能力盘点 3 个部分。

● **整体规划**：是指企业对经销商及前线销售共同组成的赋能生意联合体的规划，具体包括组织架构与角色定义、运行机制、激励考核方案、赋能方案。

● **过程赋能**：是企业在项目落地的过程中，对赋能生意联合体的辅导与支持，具体包括 3 个部分。

一是利用小程序。项目以双周作业的模式，让参与经销商及前线销售提交双周进展报告、反馈落地成果、总结经验、汇报难点问题。分公司总经理及外部专家作为导师，对问题在线辅导及评估。这样做的好处是促使项目参与方相互学习，帮助他们督促项目落地，掌握信息。二是企业利用在线直播课程，补充落地所需的相关知识，标杆案例，让经销商及业务团队掌握。三是实战演练。企业利用现场拉练等手段，通过派遣营销团队短期进驻经销商，帮助后者诊断生意、运营市场、提升业绩。

- **能力盘点**：是在项目结束之后，企业对组织能力的盘点与评估。主要包括对前线销售及经销商业务团队的能力盘点与评估。通过对组织能力及个人能力的评估，企业可以为后续能力发展计划奠定基础。

**3. 落地成效**。自 2017 年启动以来，YJ 经销商卓越运营之道项目在实施的过程中不断迭代创新，从而得到持续深化。总计 300 多名经销商参加了这一项目。项目取得了赋能客户的满意成果，主要体现在以下 3 个方面。

- **一是业绩提升**。根据 2021 年的统计，参训经销商的销售额增长率高于平均水平 7%，盈利能力大幅提升，经销商取得了实际业务绩效的提升。与此同时，YJ 的区域销售额明显增长，产品销售结构持续优化，新品推广获得突破。

- **二是渠道激活**。一批卓越标杆经销商在项目中诞生，其标杆带动作用得到了充分体现。经销商群体被激活，更多的经销商看到新时代转型升级的方向，开始积极主动申请参与卓越运营之道项目。老化且消极应对业务的经销商逐步被淘汰，渠道面貌焕然一新。

- **三是组织进化**。赋能生意联合体是快消品行业铁三角。在项目中，前线销售与经销商组成的生意联合体被充分授权，一地一策，敏捷高效地作战。这是全新的组织形式，提升了 YJ 营销的组织能力，加强了市场敏捷反应能力。

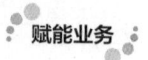

**赋能业务** EMPOWER YOUR BUSINESS

## 赋能业务清单

1. 赋能三环是赋能客户的 3 个核心机理与方法：

- 赋能一线，通过赋权、赋信、赋才、赋利，打造面向客户的赋能敏捷前台，激发一线活力。

- 标杆引领，通过萃取提炼客户经营模型，打造标杆客户，引领客户整体进步。

- 实效落地，业务落地闭环与学习赋能闭环有机融合，发展客户及团队业务能力，提升业务绩效。

2. 赋能客户的营销组织模式创新：

- 打造营销前台。

- 厂商与经销商跨组织边界深度协同。

- 端对端的双向信息传递与整合。

3. 赋能客户营销组织变革的基本思路：试错与迭代，干中学，创造标杆。

第 8 章
赋能组织：
主任层项目助力组织
能力和业绩双提升

**赋能业务** EMPOWER YOUR BUSINESS

赋能业务的企业学习是组织学习，其重要功能包括：发展组织能力、助力组织发展。然而，难点在于，赋能组织需要一套成熟有效的方法论，学习内容才能真实落地、发挥实际效果。

我在与国内一个重要的农产品和食品加工集团的长期合作中，了解到这个集团的人事行政部推行的通过组织能力发展赋能业务的一个成功案例——"主任层管理技能提升项目"（以下简称主任层项目）。这个项目在该集团推行至今已有6年，项目初期试点是从个别成熟工厂开始的，随后集团分批推进试点，目前该项目已覆盖集团绝大多数公司。经过多年的实践验证，该项目在提升组织能力和业绩方面取得突出成效，实现了"承上启下、横向融合、战略执行、人才发展"的总体目标。

本章将以主任层项目为例，阐释赋能组织的学习方法论。

主任层项目是由集团人力资源总监主导推动，由集团人事行政部各专业线组成的项目组指导集团下属各公司人事行政部在本地推行落地的。经过不断的深化和迭代，以及对理念、方法与工具的丰富和创新，主任层项目形成了独特的绩效线、能力线和产线促动"三线融合"的发展模式。

"三线融合"的发展模式的作用包括：在绩效达成中提升能力，通过能力提升助推业务，并通过产线促动的特有方式将业绩线与能力线打通。这些很好地解决了很多企业在赋能业务中普遍面临的业务难题。正因为该项目对提升组织能力和业绩带来的显著功效，如今主任层项目已成为集团各公司总经理们主动选择并积极运用的管理工具。

第 8 章　赋能组织：主任层项目助力组织能力和业绩双提升

# 主任层项目的缘起

## 工厂总经理的困惑

在集团推行主任层项目之前，工厂的总经理面临着许多的压力和困惑，其中最现实的就是如何才能有效地实现业绩目标。

这是由很多原因造成的。比如，各公司以往也会在年初定战略、定目标，但很少有人去主动回顾目标，分析和改进目标，因此很多的工作由于缺乏对过程的跟踪都没按要求落地。再如，战略终究是要靠人来执行，但是在自上而下的传导过程中，各部门、各层级的立足点和对战略的理解水平存在差异。因此在战略落地的过程中，各层级对战略的执行效果也是逐层递减的。如何能让全公司实现思想上的统一，也是一个重要的问题。

此外，还有一个原因，就是各级管理者对下属的辅导力度不够，或者管理下属的水平不足。事实上，很多员工是想努力把工作做好的，但是由于缺乏方向、方法的指导和足够的资源支持，才无法达成目标或在完成度上打了折扣。

该集团的统筹管理模式也会影响到工厂对业绩的掌控。由于集团有事业部统筹原料，有营销公司主导市场，工厂的角色常常被局限在了生产环节。由于外部条件的变化，工厂很多时候付出同样的努力却取得不一样的业绩，这不仅会影响士气，还容易使工厂员工滋生听天由命的观念。很多老工厂、老员工，只需要延续早已熟悉的工作流程就能轻松完成生产计划，难免变得因循守旧、丧失激情。

针对这些情况，如果工厂向内深挖自身潜力，或与供求端配合联动，工厂原本可以发挥出很大的优势。比如，生产环节的技改创新、节能降耗，这些都

179

赋能业务　EMPOWER YOUR BUSINESS

可以起到降本增效的效果。再如，如果工厂的生产成本更低、质量更好，或者在服务上更到位，产品就可以在市场中更有竞争力。但在主任层项目推行以前，很多工作都是员工被动承接，所以他们普遍缺乏活力和创新意识，没有挖掘自身的潜力。

同样地，相对于外部客户，工厂与集团部门和兄弟公司之间的信任和配合度本应更高。而且在供求两端，工厂也完全可以与事业部、营销公司实现上下游联动。但是在主任层项目推行之前，尤其是在产线模式被广泛应用之前，集团的产业链协同优势并没有得到很好的发挥。

此外，随着近几年大量的新项目投入建设，集团对人才的需求进一步增加。一方面，企业大量借调来自成熟的老工厂的关键岗位人才，使老工厂面临人才断层；另一方面，各工厂新晋升人才的工作表现又达不到预期，这影响了业务的发展。由于传统以培训为主的学习方式很难快速赋能业务，难以填补快速膨胀的人才缺口。因此，集团对人才的培养需要充分地前置。

经营目标缺乏管理抓手、战略上难以统一认知、各级管理者盯不住目标、团队缺乏创新能力、产业链优势无法发挥、集团人才需求激增……面对种种困惑，总经理们感到无力，一时很难理出头绪。对此，集团人力资源总监经过长期思索，将"线头"锁定在"主任层管理技能提升"上。

## 提纲振领：从"主任层管理技能提升"切入

主任层管理技能提升项目，是以集团的中层管理者（主任层）为切入点，通过提升该层级的管理技能，向上作用于总经理和经理层的管理，向下作用于下属团队的管理，从而同时提高高层和基层效能，横向打通产线各部门，提升组织整体的能力和绩效表现。

## 第 8 章　赋能组织：主任层项目助力组织能力和业绩双提升

选择"主任层管理技能提升"为解开总经理困惑提供了一把钥匙。但是在项目的探索中，这个结论的得出是经历了一番思考和实验的。

对工厂总经理来说，业绩才是该关注的核心要点。因此在最初，集团人力资源总监是从绩效入手寻找合适的工具。通过引入平衡计分卡，并将其在一家试点工厂尝试运用，集团探索出了一系列符合自身情况的模式。比如：帮助工厂借助数据设定合理的目标、结合工厂的业务属性设定关键财务目标、通过每年的 3 个关键节点实施过程管理等。这种模式帮助总经理实现了上下目标统一。试行一年的结果表明，试点工厂的业绩获得了较大提升，并能在市场变化中保持稳定。由此，主任层项目的绩效线初具雏形。

第二年年底，集团人力资源总监与试点工厂总经理再次对项目展开研讨。

人力资源总监提出："目前工厂的业绩已经比较稳定，在此基础上，有没有可能再有更大的突破呢？"总经理表示："现在的业绩水平远高于推行项目之前，能稳定在这个程度已经是极限了，再有大幅提升恐怕很难做到。"人力资源总监从另一个角度提出设想："目前的成效仅仅通过绩效抓手就达成了，那么，如果工厂员工的能力都能上一个台阶，业绩是否有继续突破的可能性？"这时，总经理表示："有可能！"

但是从可行性上考虑，企业通过一个项目来提升所有人的能力，难度太大、成本太高。因此，能力提升的任务就势必要先聚焦在一个最有价值的发展群体上。那么，哪个群体的能力提升空间最大、速度最快，给业绩带来的影响最明显呢？

在经理层和员工层之间的是主任层，这一层级的员工在部门经理的指挥下主导一个车间或组别的工作，带领执行团队将部门目标安排落实，处于承上启

赋能业务　EMPOWER YOUR BUSINESS

下的"腰部"位置。

如果以主任层为切入点，他们的直接领导（经理层）也需要相应地提升管理水平。同时，如果主任层的管理能力提升了，那么主任层就可以帮助他们所管理的员工层获得提升。这样，公司整体能力就可以获得提升。

分析到这里，总经理与人力资源总监一拍即合，一致认为已经找准了关键方向，并主动请缨由本工厂承接能力提升试点工作。在新一年的项目运行时，人才画像、共性能力短板提升、年底潜能评估等目标被引入其中。实践证明，主任层的能力通过一年的培养得到显著提升，在此助力下，工厂的年度关键指标创下历史新高。由此，项目的第二条线——能力线的基本逻辑也得到了验证，项目也正式命名为"主任层管理技能提升项目"。

在主任层项目能力线中，集团人力资源总监还导入了两组关键培养理念：一是拉姆·查兰在《领导梯队》（*The Leadership Pipeline*）中提出的"工作理念、时间管理、管理技能"三维度框架，帮助主任从个人贡献者向团队贡献者转变。二是主任层项目独创的"导师、教练、裁判"三角色理念。管理者应该不仅是事后的"裁判"，还需要在年初做好"导师"，在过程中做好"教练"，才能把自己的管理水平有效转化为下属的绩效。

随着项目的深化，试点工厂的总经理、经理们的"导师、教练、裁判"三角色理念运用得越来越娴熟。在一次跨部门的问题研讨会中，一位总经理凭借自身的商业直觉和高超的引导技巧，帮助一位主任在产线各环节的协助下，站在生意全局的角度找到一个创新性的问题的解决方案。而后，这位主任在HR的协助下通过行动计划跟踪表跟进各部门协同落实，最终使方案成功落地。

集团人力资源总监敏锐地感觉到，在这个案例中，无论是导师角色的设

# 第 8 章　赋能组织：主任层项目助力组织能力和业绩双提升

置、引导技巧的运用、跨部门联动的形式，还是个人和团队能力的提升，每个方法都效果出众。更重要的是，导师不直接给出答案，而是通过引导产线探索答案，使解决业务问题的场景成为绝佳的能力提升机会。因此，这样的方法值得在全集团推广。

为此，项目适时导入了行动学习理论，在以产线为组织形式的基础上，将上述案例中的经验与行动学习的"干中学"、以真实问题为导向、角色扮演的团队学习、问题结构化及质疑反思等要点加以结合，把绩效线与能力线有机地联系了起来。

在推广应用过程中，这种模式帮助企业解决了很多困扰其发展的难题，且效果很好。通过在产线促动中全程植入能力培养要素，这一模式还使产线成员的个人能力和产线链条的组织能力突飞猛进。这套模式成为主任层项目联结绩效线与能力线的第三条线——产线促动。

至此，主任层管理技能提升项目的"三线融合"发展模式，显露出完整的体系框架。

## 授人以渔：主任层项目赋能组织变革

### 纲举目张：独创的"三线融合"发展模式

主任层项目的成熟体系以绩效线、能力线和产线促动的"三线融合"为纲领。在此底层逻辑之上，项目提出了一系列原创的关键理念和方法，如"三度"理念，前置学习，"成本、效率、质量、服务"宗旨，"5-3-2"培养框架，"导师、教练、裁判"三角色，"五个一"培养模式等。项目还将众多工具方法与集团情况相结合，对平衡计分卡、战略地图、人才测评、人才盘点、行动学习等内容进行有效的转化应用，构筑出完整的项目体系。

在绩效线，主任层项目将平衡计分卡、战略地图与集团的管理特点进行了创造性的结合。平衡计分卡是高度成熟的欧美企业的实践成果，但在本土企业的实践中却常常遭遇"水土不服"。针对集团业务种类繁多的特点，以及集团仍处于高速发展期的实际情况，主任层项目将平衡计分卡的 4 个维度转化为能够适应集团各类企业、各种部门的目标类型，并提出以"成本、效率、质量、服务"为制定绩效目标的宗旨，使这一工具贴近集团的业务需求，同时起到强化各维度间、各部门间相互支撑的效果。

为了帮助企业通过过程把握目标，主任层项目设计了全年 20 多个规定动作和 3 个关键节点，引导工厂进行理论学习、沟通辅导、战略分析、目标分解、绩效下沉、过程跟踪、总结复盘，使各企业每一步工作都有径可循，直到熟练运用。

在能力线，主任层项目提出原创性的"5-3-2"培养框架，指出在主任的培养过程中，50% 要靠主任的自主性、30% 要靠上级辅导的助力、20% 要靠 HR 提供的平台和针对各类工具方法的专业辅导。

在"5-3-2"培养框架之中，"5"是最关键的因素：能力的培养更多的是要让主任变被动为主动，激发出自身的内驱力。在这一前提下，主任层项目帮助主任制定个人发展计划（Individual Development Plan，IDP）并跟踪该计划落实情况，同时运用项目独创的"五个一"培养模式作为有效抓手。"五个一"培养模式指"至少学一个跨岗位技能"和"主导好一个项目"等 5 种挑战性任务。主任通过承接"五个一"，将待提升的能力需求和部门的工作目标相结合，在能力提升的同时助力部门目标落地。

在"3"的部分，主任层项目强调，经理在辅导主任的同时要扮演好"导师、教练、裁判"三种角色，以帮助主任更好地达成绩效，提升能力。以往的直属领导仅评估绩效结果，这只是充当了单一的裁判角色。但是，对于年初怎么定方向和目标，过程中如何获得方法和资源，年终评估时怎么让下属对绩效评定心悦诚服，怎么帮助下属建立正确的自我认知，这些方面的辅导，长期以来其实是缺位的。通过三角色的扮演，主任不仅自己能在绩效和能力的提升上得到助力，而且在管理下属时也采用这种扮演方式，帮助提升团队的能力和绩效。

在"2"的部分，HR发挥专业度，运用人才测评工具分析主任能力长短板，执行和落实共性培养内容（Guiding Developing Positioning，GDP）；在每个培养周期完成后HR开启人才盘点流程，评定三类潜能主任，协助制订个人发展计划；在产线促动中，HR牵头架构梳理、流程设计和会议组织，并在促动过程中对主任的能力表现进行观察和点评。同时，HR还担任专家和教练的角色，全程辅助各部门更好地学习和运用项目的相关理论、工具和方法。

"三线融合"的第三条线——产线促动，是联结绩效线与能力线的桥梁。一方面，产线促动从生意的逻辑出发串联各相关部门，形成产线联动，并通过标准流程引导参会者打破部门墙，突破固有思维解决重要且复杂的业务问题，直接作用于绩效突破。另一方面，产线促动通过精心植入能力提升要素，帮助产线成员更好地在促动过程中提高站位及解决问题的能力，并通过方案落地的过程实现产线的组织能力匹配。

## "三度"：项目成功的关键

项目开启，理念先行。主任层项目将企业各层级和部门纳入其中，并运用了非常丰富的理论、方法和工具，由内而外作用于全员的心智和行为模式。如此深

**赋能业务** EMPOWER YOUR BUSINESS

层的组织变革，其落地的难度不言而喻。对此，集团人力资源总监提出关键性的"三度"理念——充分获得总经理的支持度、发挥人事部门的专业度、激发各个业务部门的参与度，作为项目实施中贯彻始终、确保项目成功落地的发力要领。

总经理是工厂整体业绩的负责人，因此也是主任层项目的第一干系人。作为项目的总指挥和总负责人，总经理是否理解、认同、引领、支持项目，以及是否深度参与其中，是该项目能否持续落地、取得最佳的效果的关键。

主任层项目的第一阶段就是前置学习，因此，总经理的支持度首先就体现在带头学习项目内容，引领企业员工跨越学习的挑战上。总经理通过扮演公司管理者和业务专家的角色，发挥出越来越大的作用。

一位新参与主任层项目的公司总经理，在学习了项目推荐的书籍和课程后，主动与集团项目组交流探讨，努力提升自身的专业度；并亲自担任产线负责人，带领工厂的主任学习产线中各个环节的操作工艺，如从压榨到精炼、从仓储到品管，并进一步向产线上下游延伸。

在带领产线到外采原料工厂交流的过程中，大家捕捉到一个变化：对方的开机率已经从去年的40%下滑到今年的10%，这意味着原料市场的供应量将极大下滑。因此，要想稳定产能，企业必须使产线后端进一步提升效率，这样才能帮助供应商加快库存周转，抢到更多的原料。这一发现使产线将目标从只关注产品品质，调整为同时关注原料的稳定供应。

在一年中这位总经理亲自担任促动师，组织召开了7次产线促动会，在市场原料紧缺的情况下仍保证了产能突破的实现，并同时达到提升开机率、降低加工成本的效果。在此过程中，总经理的参与度是撬动整个产线的支点。在集团各公司中，总经理亲自担任产线负责人、产线促动师，成为产线架构的主导者。

## 第 8 章　赋能组织：主任层项目助力组织能力和业绩双提升

在主任层项目提出的"三度"中，人事部门的专业度是项目落地的关键支撑。这既包括人力资源管理的专业度，也包括理解和运用主任层项目的知识的专业度。因为在初始阶段，各业务部门的参与度不高，这就需要总经理和 HR 合力推动，激发员工参与的热情。其中，HR 要从多方面为业务部门提供学习辅导，营造氛围，帮助业务解决实际问题。对此，主任层项目组要求集团各 HR 团队强化落实"内塑专业度、外塑影响力"的自我定位。

以复盘工具的导入为例，这个工具要学其形很容易，要得其神则很难，要把它融入员工的思维和行为习惯则更难。于是一家工厂提出，在导入的初期，可以"先僵化，再固化，后优化"：第一年，通过培训导入工具，企业部署各部门按照项目节点和标准流程做汇报；第二年，各部门已经将标准流程了然于胸，也具备了对项目理念和价值的基本认知，HR 着重引导各部门在复盘中发掘问题，帮助大家把原因分析得更细致、行动方案制定得更明确；此后，工厂 HR 持续对表现较弱的部门进行针对性帮扶，帮助部门通过复盘更多地助力业绩提升。各部门越来越感受到复盘是改善工作和培养下属的利器，纷纷将复盘工具纳入常态化使用的工具之列。

另一家工厂的 HR 在导入产线促动的过程中，根据项目组的指导，协助工厂梳理了产线架构，并组织书籍和课程的学习。但是，怎样才能让产线促动成为大家主动运用的工具呢？在主动贴近业务的过程中，HR 敏锐地发现：各部门平时以做业务为主，虽然会产生一些好的经验，但并没有及时将其沉淀为可资学习的资源。于是，HR 主动担当起业务部门的经验萃取者和知识管理者的角色。在持续参与产线促动的过程中，HR 将成功案例萃取出来，编写为产线故事在工厂中进行分享。随着越来越多的成功案例的传播，各部门增强了对产线促动的信心，开始主动地运用产线促动工具来解决一些老大难问题。更重要的是，通过产线促动的常态化运用，各部门之间打破了部门墙，形成了"我为产线做贡献"的心态。

## 赋能业务　EMPOWER YOUR BUSINESS

随着项目在更多的工厂落地，在理论结合实践的过程中，项目的体系变得越来越精细，工具和方法的研究变得越来越深入。由集团项目组牵头，这些内容被开发成一系列课程和案例，如"复盘+：把经验转化为能力""HR如何有效推动产线促动""三类潜能人才定向培养"等，上传至集团网络化学习平台，成为全集团HR的共享知识库。之后，HR部门派专人跟进各部门平衡计分卡的目标梳理和人才盘点，派专人辅导各车间的目标分解和指标设计。这些都已成为很多工厂年度项目推动的标准动作。

部门的参与度是主任层项目落地的根本点，因为各个部门才是实施业务动作的主体。除了总经理和HR助力之外，部门参与度的理念要由部门经理向主任、员工层层传导，最终落脚在激发出全部门成员的内驱力上。

在启动主任层项目时，集团中一家建厂超过20年的老工厂面临的一个主要问题就是员工动力不足。工厂的储运部经理也是这一年刚刚晋升的，他在到任之初首先思考的就是如何使老员工焕发活力的问题。据他分析，工厂的产线单一，很多主任的司龄已经达到10年，他们对自身岗位工作都已经非常熟悉了，加上采购和销售其实都不归工厂把控，能发力的方向只能是在生产环节。经过思索，他认为可以先从成本管理、体系文件和安全生产这三块工作上入手进行体系化、精细化管理，由此激发部门潜能。

随后，3位能力较强的主任被他挑选出来分别主导这三块工作。这3位主任在专业和能力方面各有所长，很快在这3个垂直领域产出了系统的成果。这些成果在部门被推行后，部门管理水平和工作效果都得到显著提升，部门员工的积极性也都被调动起来了。

通过经理与三位主任的每月复盘，经理加深了自己对部门工作的系统性认知，同时主任的思考和表达水平也得到很快提升。

通过部门经理学习引领和"三角色"的扮演，各企业、各部门的主任和班组员工都被激发出极大的向心力和自主性。而部门一旦在认知上变被动为主动，就可以在攻坚克难中发挥出巨大的能量。

## 前置学习：打造学习型组织

主任层项目引入了一系列丰富的理论、方法和工具，这对各业务部门同事来说，无疑是在本职工作之外增加了大量学习的任务。大家对项目是否有足够的耐心和信心，能否付出足够的时间和精力去学习，能否理解并掌握项目的内容，这些都决定了项目能否顺利开展及其最终落地的效果。因此，主任层项目在企业推行的初始阶段就是前置学习。在这一阶段，各企业、各部门都要系统地学习项目的理论和方法，而后，集团项目组对各公司做出充分评估，当证明公司已做好充足准备时，方可在该公司正式启动项目。

借助集团提供的学习资源，各公司 HR 因地制宜、多管齐下，引导和推动各部门学习，以"人事搭台、部门唱戏"的思路开展学习活动。例如，针对长年脱离书本学习的同事，集团一家工厂的 HR 开发出"阅读—提炼—反思—分享"的拆书思路。HR 通过组建跨部门学习小组，并邀请管理层参与点评、互动来营造学习氛围。针对学习目标过于宽泛、难以统一的情况，HR 牵头收集和整理小组分享资料，梳理出大家共同关注的分享议题。针对各部门排班、出差时间难以协调的情况，HR 采取线上加线下同步开展的方式，使各部门人员可以自主选择合适的学习时间和形式。公司在学习过程中收获了打通部门、启发实践等多重成果。各部门也从"不会学"的迷茫状态，转变成"我要学"的积极状态。

随着项目的深入开展，集团一家工厂提炼并分享了组织学习的"三态"：

## 赋能业务  EMPOWER YOUR BUSINESS

首先是动态学习，即提倡部门主动在岗位上学习、在产线促动中实践学习。其次是基于共性需求的静态学习，如公司级通用技能培训和部门级的专业技能培训。最后是常态化的分享学习机制，如经理层沙龙和读书主题分享。再如有的部门提出"早餐知识分享"，也就是部门同事在上班前抽出 5 分钟，将自己听书、看书的所学所思分享给大家，促进团队共同成长。

对于组织变革来说，企业只有将学习和反思植入员工的心智习惯，才能实现组织能力的蜕变。通过前置学习的开展，集团已将学习和反思的理念植入到员工日常的工作习惯中，并使学习活动常态化。集团各公司在为项目实施做好充足准备的同时，已逐步转变为学习型组织。

## 承上启下：绩效线如何赋能组织战略执行

### 企业的战略分析工具

在绩效线，主任层项目将平衡计分卡和战略地图与企业实践做了创造性的结合。平衡计分卡理念被引入国内已有多年，但成功应用的实例一直很少。不少企业容易走入的误区是把平衡计分卡变成了 KPI，应用方式仅仅停留在参照平衡计分卡的 4 个维度框架做指标设计和考核，并没有领会到平衡计分卡作为战略管理工具的精髓。主任层项目结合集团各类企业的业务特性，帮助工厂将平衡计分卡的各维度目标转化为"接地气"的核心目标。更重要的是，在目标制订过程中，项目注重构筑 4 个维度之间的支撑关系，科学地围绕战略设定行动策略。

在主任层项目开展前夕，集团下的一家工厂周边陆续建起越来越多的工

### 第 8 章　赋能组织：主任层项目助力组织能力和业绩双提升

厂，同行业竞争的加剧使这家工厂开机率一度降低至 40%。通过持续深化推进主任层项目，这家工厂灵活运用平衡计分卡作为战略分析和管理工具，使工厂经营突破困境，开机率不断创出新高（见图 8-1）。

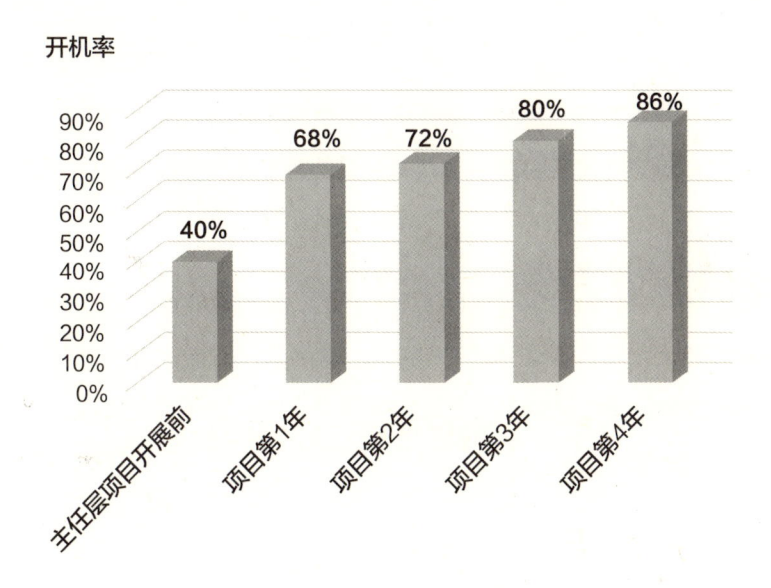

开机率

| 阶段 | 开机率 |
| --- | --- |
| 主任层项目开展前 | 40% |
| 项目第1年 | 68% |
| 项目第2年 | 72% |
| 项目第3年 | 80% |
| 项目第4年 | 86% |

图 8-1　工厂运用平衡计分卡取得的业绩

成为主任层项目第一批试点工厂之一后，该公司管理层经过分析，决定将原料加工量设为核心财务指标，这样的目标不是财务结果，却可以更好地体现绩效。同时，各部门也更容易找到配合发力点。公司当年设定了原料加工量达到前一年度 1.5 倍的目标。这一目标对公司各部门、各层级的影响意义深远，通过统一方向、逐层分解、一致发力，公司年终目标接近了年初设定的水平。

总经理鼓励道：大家在项目开展的第一年中已经具备了目标管理能力，这项能力带动了团队整体业绩的提升。更重要的是，平衡计分卡不只关注财务目标，还同时关注客户服务、内部流程等维度。其他维度目标的达成，有助于公司实现财务目标。因此，大家应该有信心挑战更大的目标。第二年，公司不退反进，制定了远超前一年加工量的财务目标。

在这一年中，公司继续深入推进主任层项目，高度重视专业创新的力量，除所有管理类主任参与项目外，专业类主任也被要求参与进来。人事行政部组织了多项有针对性的培训活动，进一步提高了工厂的团队活力并带动了创新优化节奏。这一年工厂超额完成了年初制定的总加工量的挑战性目标，指标创历史新高。

在新的一年中，为了应对来自下游客户的行业危机，工厂决定动态调整平衡计分卡，加大客户服务维度的考核占比，让全员围绕服务好内外部客户的战略方针展开工作。通过让各部门主动收集客户反馈，各环节联动推出"车辆消毒站"等多项举措，公司的服务得到客户高度认可，这一年公司的加工量再创新高。

由于2020年新型冠状病毒肺炎疫情暴发，公司的原料接卸、运输，市场走访等工作面临多重制约，优化流程、精益管理成为公司战略的转型方向。因此，公司重新调整了平衡计分卡目标，加大内部流程考核占比，提高大家对管理创新的重视度。通过发挥全体员工主动性以及优化内部流程，公司克服了疫情造成的种种障碍，保障了前端市场供给，公司加工量再次创出历史新高。

平衡计分卡各维度是相互支撑的，基于这个深层逻辑，主任层项目的创造性转化适应了企业的管理特征和发展需要，展现出战略管理的卓越功效。

## 第 8 章　赋能组织：主任层项目助力组织能力和业绩双提升

## 3 个关键节点，形成管理闭环

为了帮助工厂实现平衡计分卡有效落地，主任层项目设计了全年中的 20 多个规定动作。其中，最重要的 3 个节点就是年初的目标发布、年中的阶段复盘和年终的复盘评估。

目标发布会是每年的第一个关键节点。在会前，总经理充当导师角色，带领经理、主任共同围绕市场趋势、竞争对手情况等，有针对性地制定年度战略和经营目标。经过对各部门、各主任的年度目标的打磨，公司在发布会上集中发布战略目标。

在年中复盘阶段，公司上下一同察看目标落地情况，找到差距和原因，及时调整纠偏。最后在年终复盘中，大家在回顾目标和总结经验的过程中促进成长。同时借助陈述和点评的过程，得出上下级都认可的年终绩效结果，使绩效管理真正成为有效的激励因素。

在年初制定目标的过程中，一家工厂面临着上游原料价格暴涨、下游客户市场萎缩的艰难局面。人事团队制定了"明确发展方向—市场行情分析—经营目标制定—战术支撑研讨"的战略研讨流程，公司管理层据此带领各部门制定公司战略地图。

在研讨会开场时总经理提出 3 个思考方向："我们在哪些方面能引领突破？在哪些方面能稳步保持？有哪些问题要继续解决？"接下来，销售端对市场、客户、供需趋势等方面进行分析。根据分析结果，大家很快将主要经营范围锁定在公司的 4 款优势产品上。

在战术支撑研讨阶段，各部门从保障优势产品销售的角度制定支撑策略。贸易部提出"大客户管理"的概念，深耕供需合作、提升客户黏性。生产部重点关注优势产品车间的顺畅生产和开机率，同时提出故障维修、产品品质、节能技改、成本优化等支持性策略。储运部提出自动化装车、产品直装、运输模式转变等重点计划。品管部的关键策略为关注质损和品质管理。财务部则专注于加强产线成本分析、帮助公司挖掘利润点和改善点。人事行政部的年度重点为关注重点人才的储备支持，助力区域生意的协同发展。

除了上述工作方向之外，各部门还围绕各产品供应链进行梳理，提出了A产品质量改善、B产品直装、C产品得率提升等问题，将它们确定为年度产线促动的重点课题，进行全年跟进。在战略地图研讨的过程中，公司实现了目标自上而下的战略传导，并形成了横向协同的支撑路径，各部门对生意的价值和支持点的认识也进一步明朗化。

在年中复盘会上，通过回顾目标和评估结果，大家发现有两条产线在目标达成上存在较大困难。业务经理指出，市场的影响超出预估是A产线的销售未能达到预期的主要原因。该产线此前主要产出高端产品，由于下游行业的亏损，降低产品成本才能帮助客户渡过难关。因此，A产线提出开发更多小品种产品的方案，因为成本和价格结构的特点，这类产品既能够拉动销量，又能够改善工厂的利润率。

B产线面临的是一款区域销售的垂直产品销量持续下滑的问题。大家在分析了销售区域中竞品的优势，以及市场上充斥着大量假冒产品的情况之后，提出了新的销售策略，即向销区宣传本公司产品的性能优势并传授产品辨伪方法。

在年终复盘中，上述两个产线在年中时遭遇的问题得到了很好的解决：A产线通过调整策略，超额完成了年度目标；B产线的产品月度销量较年中提升了50%以上。

### 第 8 章　赋能组织：主任层项目助力组织能力和业绩双提升

虽然工厂全年的各项目标完成度基本达到了预期水平，但人事行政部根据集团项目组的指导，提出了更高的复盘要求：除了关注未达成目标以外，大家还应主动挖掘问题，思考后续如何改善提升，并重点关注人才培养。

因此，在年终复盘中，工厂管理层和产线负责人发现了核心车间人才梯队建设不到位的问题。在复盘的最后，工厂管理层提出人才梯队建设的明确目标。除了要看业绩水平之外，公司在未来评价产线和部门成绩时还要看梯队建设的程度和部门对新项目输送人才的情况。

经过复盘，这家工厂为新的一年提出更高的工作目标，也将人才培养推到了更高的层次。

当然，目标发布、年中复盘、年终评估，只是主任层项目企业一年中的 3 个主要节点。围绕这 3 个节点，公司各级之间还要进行大量的前置沟通和过程沟通，有计划地组织学习，展开多次的企业级产线促动和不定时的部门级促动，以及持续落实人才发展的相关配套流程等。如此，公司才能在 3 个关键节点中都有好的业绩呈现。

## 部门提升站位，聚焦战略协同

在传统的绩效目标制定过程中，自上而下的发布方式易产生下级对目标不理解、不认同的弊端，影响执行效果。而自下而上提报的方式则容易使目标偏离战略导向。通过运用平衡计分卡，强调总经理和经理发挥导师作用，鼓励其注重与部门共同研讨的交互过程，主任层项目不仅解决了目标难理解、易偏差的问题，而且有助于提升部门站位、聚焦战略协同。

以一个工程维修车间的财务目标设定过程为例。一开始车间设置的目标是空压机电耗的降低。这家工厂的总经理启发道:"工程维修车间的定位,应该是整个公司的水电气管理单位,你们的着眼点应该不仅是某一种设备的电耗。"经过引导反思,最终在目标发布时,工程维修车间提出的年度目标是全厂水、电、气综合降本数百万元。这一年,该车间牵头制定各车间降本措施,最终达成了这一挑战性目标,不仅为工厂业绩作出了更大的贡献,同时也提升了部门站位,成为公司能源管理的关键力量。

小到一个部门,大到一个产线,通过总经理的引导和各部门的联动,目标制定过程可以使各部门提高站位,从生意全局角度来重新审视自身的工作。

一家工厂在开始制定产线年度战略地图时,仍将自己的思路局限在传统销售方式之下,提出"加大省内产品销售"的目标。在工厂总经理的主导下,工厂与营销公司、物流公司共同召开目标讨论会,并以三家公司的整体表现最优为导向助力工厂年度目标的制定。总经理通过提问帮助大家打开思路:"A产品能否卖到省外去?""B产品能否从汽运改船运?""从整个产线的角度看,这个生意值不值得做?"受到这些启发,产线最终得出了全新的目标定位:"重点打造A&B产品区域集散地"。

在实现区域效益最大化的前提下,各部门对工作目标进行了重构:在销售端,工厂制定了各产品销量目标。在生产环节,工厂生产车间制定产能提升的目标。储运部制定了扩充仓容、提高仓库利用率的目标。物流公司提出了优化运输模式的目标。通过规划一定范围内的闭环运输线路,物流公司将原来各自为战的冗余路线合并为运力高度共用的线路,这极大地节省了运输成本。同时,物流公司还制定了重点服务新开发客户的目标,以提升客户黏性和企业的竞争力。

经过多次产线促动,该工厂A、B两类原料当年的采购量均同比增长100%以上,中转量也大幅增长。其中,相关原料还辐射到相邻省份的兄弟工

# 第 8 章　赋能组织：主任层项目助力组织能力和业绩双提升

厂，成品辐射到更远的销区。部分区域兄弟工厂间实现了加工产能共用和合理调度，这进一步优化了成本和效率，很好地帮助企业实现了"打造 A&B 产品区域集散地"的战略目标。

## 目标下沉到班组，实现战略落地

从前端的研判，到设立联动的部门目标，再到将目标分解至主任。最终的战略落地需要将主任的目标有效下沉到班组和员工的执行层面。在下沉过程中，班组和员工的目标一方面要能向上支撑主任的各项目标，另一方面要能向下很好地支撑自己的目标，使员工目标与班组、车间、部门及至公司年度目标实现通路。

例如，一家工厂包装车间的主任最初设计的生产效率目标是切换时间、质量、卫生、安全 4 个维度。然而，在协助优化目标的过程中，HR 指出：在目前的指标中只有切换时间这一项可以关联到主任的生产效率目标。而且，目前的衡量方式缺乏量化标准。

接受了 HR 的指导，包装主任提出："模具的切换时间是可以量化的，比如可以将超过合理的换模时间记为一次不达标。"HR 继续引导："换模时间只是影响效率的一个因素，是否还有其他可能的影响因素，可以下沉到班组长的目标中呢？"包装主任经过思考后提出：效率的影响因子还包括机器故障、温度设置、参数调试时间等，但这些因素过于琐碎，很难对其一一跟进或设置一定的评价标准。通过 HR 和主任的讨论，大家发现上述因素会综合体现为生产计划完成率。最终，除了设置量化换模时间外，还将车间各班组当班期间的计划完成率纳入班组长的考核指标中形成综合指标，这就有效地支撑了主任的效率目标。

只有将目标下沉至执行层面，贴合工作的实际情况，并获得员工的理解和认可，战略才能真正落地，最终产出业绩。

赋能业务　EMPOWER YOUR BUSINESS

# 人才发展：能力线如何赋能业务能力提升

## "5-3-2"培养框架加速梯队成长

在"5-3-2"培养框架下，主任的主动学习和经理的"三角色"扮演，都是依据HR所提供的路径展开的。首先，HR提供专业的人才测评工具分析主任的能力长短板，根据分析结果制定共性培养内容并予以落实。在个性化培养方面，HR提供"五个一"的模式指导，帮助经理为主任设计培养任务并跟踪落实。在培养过程中，HR组织经理层开展辅导技术赋能活动，提高"导师、教练、裁判"三角色的辅导水平。在全年培养周期完成后，HR组织经理层开展人才盘点，对主任的成长表现予以评估，并对标上一级岗位的人才画像盘点出转型潜能型、成长潜能型、熟练潜能型三类人才，构建人才梯队。根据盘点结果，HR帮助各部门针对三类人才的发展需求，定制个性化导师和个人发展计划培养方案，并持续跟踪培养效果。

集团某工厂的销售主任（现已晋升为经理），在2014年加入集团。主任层项目在该工厂落地后，该主任在人才盘点中被定位为转型潜能型主任，由工厂总经理亲自带教。根据测评结果显示的能力短板，指导人交给他一项"如何降低产线成本"的课题。与此课题相配合，指导人为他制定了"读懂财务三大报表"的跨岗位技能学习目标。课题实践与专业学习内容的高度匹配，使所学与所用相得益彰。该主任借助财务知识对标行业分析差距，找到了从主要原辅料入手降低成本的切入点，并以此为方向开展产线促动，在担任产线助理的第一年中就大幅降低了原辅料采购成本。

晋升为经理并担任产线负责人之后，该主任接受了另一项关键能力"运行决策"的培训。指导人要求他"就像自己开一家公司"一样去分析生意、主导

# 第 8 章　赋能组织：主任层项目助力组织能力和业绩双提升

运营，对绩效负责，并亲自带他出差走访，以提升他规划布局的眼界。经过两年时间，该主任主导了从原料、生产、研发到物流、运营、销售的全过程的生意运营，使产线扭亏为盈，并使产线成功实现了二期扩产。

借助主任层项目，这位主任实现了从业务员到优秀产线管理人员的全新跨越。从过去只关注销售到关注全产线各环节，从过去的单兵作战到带领团队协同作战，他的专业能力和领导力都有了质的提升。

上述案例只是集团主任层员工的成长过程的一个缩影。在"5-3-2"培养框架的作用下，集团主任层人才依据精准的定位分析和培养方案，在指导人"三角色"的大力指导下，不断实现绩效目标的达成甚至突破，并在此过程中加速成长。

## "三角色"发挥，助力理念转变

主任层项目的一个要旨是"在过程中提升能力"，因此，项目强调经理层要在主任的能力培养和绩效提升过程中扮演好"导师、教练、裁判"这三种角色。项目指出，在以往，上级对下级的管理多采用"裁判"方式，仅做结果的评判，对于绩效改善和人员成长起不到帮助。因为，很多员工并不是不努力工作，而是对目标缺乏清晰的认知或缺乏足够的经验和资源。缺了"导师"和"教练"的辅助，主任也就很难客观地认识自我，分析自身能力差距。而一名合格的"导师、教练、裁判"，不仅要让下属明白他要做什么，还要让下属了解他如何才能做对和做好，他怎样做才算是对的、好的。

"导师"首先应该阐明工作的方向、目的、重点，明确工作的目标和要求，让下属清楚自己的定位，认识到自己的价值，找准努力的方向。例如，大家对质量控制（Quality Control，QC）岗位的普遍认识是它要以做好检验工作为中心。但是一家工厂的品管经理在对质量控制主任的辅导中指出："除了做好进货检验、生产过程和产成品的控制之外，质量控制的工作还包括配合质量保证（Quality Assurance，QA）做好前端的供应商审核、后端的经销商仓库检查以及市场质量走访等，为质量保证工作的改善提出一些好的建议。"这让质量控制主任认识到其岗位在整个生意链中的价值。因此，其工作内容自然不会再局限于按部就班的技术操作，而是对供、产、销环节都实施质量控制。在主任层项目中，每一位导师都践行着这样的指导理念，将下属对工作的认知从"小职责"提升到"大管理"的维度。

再如，一位营销总经理由于拥有丰富的业务经验，到下属部门指导业务时，总能准确地把握销量，为下属部门指出合适的销售策略。但这样的工作方式却使下属陷于被动执行的局面，使他们发挥不出团队潜能。在开展主任层项目后，这位总经理现在到下属部门时首先问的就是个人发展计划做得怎样。这种转变意味着管理者转换成了"导师"的角色定位，从而跳出了个人能力的陷阱，开始关注整体的团队效能提升。

"导师"给出了正确的方向，但如果主任仅靠自己摸索去解决问题，他仍可能要走很多弯路才能提升自身绩效和能力，这就需要经理担当"教练"，在过程中为主任提供方法指导和资源支持，同时运用深度倾听、有力提问等技术，激发出主任的成长潜能。

部门经理发现一位主任近期情绪有些低落，便主动邀他面谈，询问他最近在工作中是否遇到了什么困难。当了解到该主任的焦虑是由于一款产品的近期市场反馈不佳后，经理便充当起教练去帮助主任推进工作。首先，经理引导主任评估现状和差距："如果用数字评价你的产品质量，那它现在是多少分？通过你的努力，你想要达到什么样的效果？"主任回答："如果满分是 10 分的话，

## 第 8 章　赋能组织：主任层项目助力组织能力和业绩双提升

现在的产品质量就只有 5 分，通过努力能够达到 8 分就可以了。"这时，经理引导主任分析理想状态："那么你认为，8 分状态下的产品，使用起来应该是什么效果呢？"该主任很快描述出了产品 8 分状态下理想的使用效果，并得出了产品需要具备的理化特征。进而，主任很快想到解决问题的方法——通过调整产品颗粒度和配方，目标应该就可以实现。

接下来，经理帮助主任校准行动计划。经理问道："你希望通过多长时间来达到 8 分呢？"主任表示："需要一个月。"于是经理问道："那你现在有哪些资源？是否还存在影响你目标实现的其他因素呢？"主任一一分析道："首先，生产、销售、品管各部门领导同事都积极配合此事，各方之间沟通顺畅；其次，有专业的人员在车间工艺方面为我提供帮助。目前唯一欠缺的就是市场测试资源。"此时，这位主任已经将这一目标的达成路径梳理清楚，经理也表示会帮助协调市场测试的相关资源。

一个困扰主任的问题，经由经理的引导而由隐转显。在经理的帮助下，主任迅速聚焦到目标和解决路径，进而梳理清需要联动和补足的资源，这些都确保了目标的顺利达成。站在主任的角度，解决该问题的方法又是经过自己的思考得出的，并且这种方法中包含着清晰的思考轨迹，它已被内化为主任能力的一部分。

在主任层项目推行之前，公司各级部门对目标的沟通没有达成一致、对主任们的工作缺乏足够的辅导和支持，所以很难客观评价任职者的表现，在绩效评估时部门间对绩效评价结果也会存在争议。在制定及跟进目标的过程中，主任们在"导师"和"教练"的辅导下很好地完成了相应工作。到了评价阶段，主任们在"裁判"的指导下，很快就能对绩效评价的结果达成一致认可。

并且，由于年度绩效评估是以年终复盘为前提，各主任经过了目标回顾、并对评估结果进行了自我陈述之后,对自身的绩效完成情况了解于胸。此时,主任们把更多的精力放到了分析原因和总结经验上,因此"裁判"的角色也不再是单纯地对过去的结果打分,而是同时对主任未来工作的提升方向进行评估指导。

在年终复盘后,一年的培养周期结束了。此时,HR 组织部门经理召开人才盘点会,评估各位主任的能力成长,并盘点出团队中的转型潜能型、成长潜能型和熟练潜能型三类人才,从而在新一年的工作中有针对性地识人用人及因材施教。

当然,"导师、教练、裁判"的角色扮演不仅在经理层对主任层的指导和辅助中发挥了巨大作用,还在主任层对班长和员工的辅导中意义重大,从而使"三角色"扮演的理念渗透到公司各个层面。

"三角色"的扮演,提升了上级的领导模式和管理技能,助力了目标承接者潜能发展、目标达成。这种模式也渗透到各层级的日常工作沟通中,使每位员工在开展工作和提升能力的过程中得到了巨大的协助。

## "五个一":主任能力培养的有效抓手

"五个一"培养模式也是主任层项目的原创产品,该模式通过 5 种类型的能力成长型任务计划,帮助主任在紧扣部门目标的任务实践中补足能力的短板。"五个一"是指:至少学一个跨岗位技能、主导好一个项目、带好一个团队、负责好一摊工作、成为一名合格内训师(见图 8-2)。

"五个一"针对的是主任身上普遍存在的 5 种能力短板。比如,某个转型主任对自己原有岗位所要求的专业技能很精通,但需要掌握 2 个以上相关岗位

## 第 8 章　赋能组织：主任层项目助力组织能力和业绩双提升

技能才能晋升至部门经理。再比如，很多主任在业务上做得很好，但往往无法把经验"讲出来"，而在晋升后的管理工作中需要这种表达能力，于是"成为一名合格的内训师"的能力培养训练就变得非常重要。

在实际运用中，指导人通过扮演好"三角色"助力任务目标达成，还通过评估主任的行为方式是否正确来指导其实践。这种模式再次体现了主任层项目将业绩与能力相融合的主导思路。

一家工厂的综合运输组主任，在人才盘点中被定位为储运部经理梯队人才，对标储运经理画像，她的短板是对储运的其他版块了解不足。因此，部门经理和她共同制定了"至少学一个跨岗位技能"的任务：学习内容从该主任原本熟悉的火车、汽车发运知识拓展到海运知识，并且经理要求她与报关报检组共同承接"公路转水运节省成本"的目标。

但是，仅知晓海运的成本优势并不足以解决问题。因为，运输方式的转变虽然降低了公司的运费成本，但却使运输在途时间变长。对于经销商来说，这就意味着资金占用周期变长、产品货龄变长，以及价格波动周期变长等。面对双方的利益冲突，这位主任更加深入地研究了海运知识，寻找到了能够平衡工厂和经销商收益的突破点。经研究发现，船运公司给予的集装箱免柜时间可用以分担经销商的库存压力，减轻资金占用成本。这位主任就由此入手，打造出与营销分公司、关检组、综合运输组及成品库联动的创新操作模式。

经过跨岗位的学习，这位主任综合运用了各方面的知识，使新模式的落地效果得到全方位改善。她借助关检同事的力量时刻关注海运情况，节省了运输天数；借助成品库的力量，提升了发货效率；借助运输组同事的力量，提升了数据分析和后台服务效率，可以时刻向经销商反馈货运情况，提升客户体验感。得益于这位主任的参与，公司年度公路转水运的货运量同比大幅提升，这

赋能业务　EMPOWER YOUR BUSINESS

至少学一个跨岗位技能
对应能力短板：专业知识、专业技能

带好一个团队
对应能力短板：识人用人、培养部属等

负责好一摊工作
对应能力短板：系统思考、计划执行等

五个一

主导好一个项目
对应能力短板：资源整合、团队合作等

成为一名合格内训师
对应能力短板：学习领悟、客户导向等

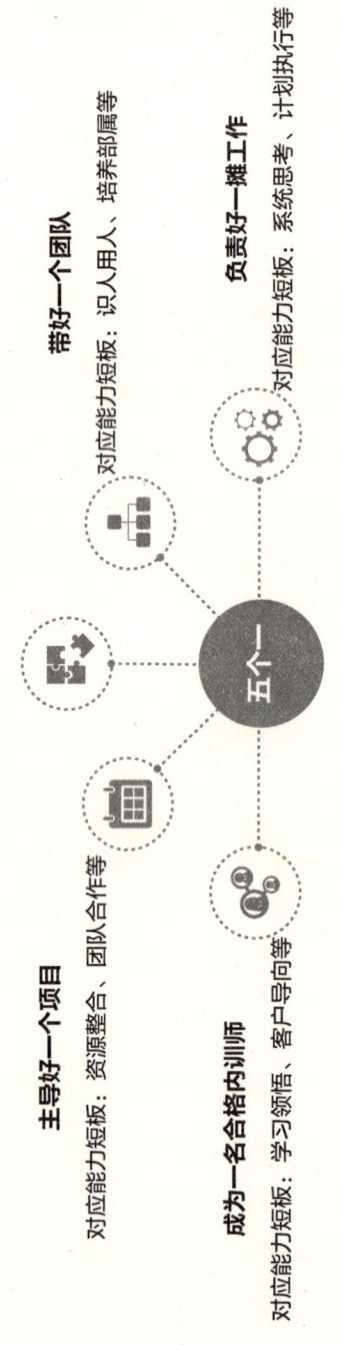

图8-2　主任层项目的"五个一"能力培养模式

204

远远超出公司预期，该主任也成长为综合型的物流人才。

通过以"5-3-2"为培养框架、以"三角色"为全程助力工具、以"五个一"为高效抓手，主任层员工在 HR 的跟踪辅助之下，经过学习历练实现了自我成长。

## 横向融合：产线促动如何打通绩效与能力

### 产线组织：打破部门墙的全新模式

主任层项目"三线融合"中的第三条线是产线促动，这是一种以产线构筑生意链条，并创造性地应用行动学习方法，在解决关键业务问题的同时提升组织能力的方式。它是打通绩效线与能力线的桥梁。

产线促动的主体是产线。只要一款产品需要获得以下职能的支持，那么这些以产品线为核心的各相关职能就都应覆盖在内，这些职能是采购、运营、生产、品管、人事、财务、仓储、物流、销售等。

传统的管理模式依据固定的组织架构，以部门为中心对企业实施垂直管理。部门间存在明确界限，这在企业职能固化的时期不失为一种使组织内部权责清晰的管理方式。相比之下，在主任层项目中提出的产线模式，是将产线上下游各环节打通，以客户为中心进行全流程管理的模式，这可以快速实现核心功能的闭环。

在产线小组的角色设置上，公司根据业务范围和问题复杂度将小组成员设定为以下几种，分别为产线负责人、产线促动师、产线助理和各相关成员，并将对小组成员的培养与对主任的培养相结合。在促动会的设计上，产线促动会也与传统的管理会议有着显著的不同（见图 8-3）：它有机地植入了能力发展机制，起到了绩效和能力同步提升的突出效果。

| 传统会议 | VS | 产线促动 |
| --- | --- | --- |
| 单环学习 | 核心目的 | 双环学习 |
| 就事讨论 | 会议流程 | 标准流程 |
| 职务局限 | 现场氛围 | 开放坦诚 |
| 管理者单向传输 | 谁主导发言 | 与会者思考研讨 |
| 由管理者主导解决 | 谁解决问题 | 群策群力，团队智慧 |

图 8-3 产线促动与传统会议的区别

一方面，促动会以标准流程为框架，由当地 HR 和产线负责人、产线促动师共同筹划，更好地引导团队反思、群策群力，共创出突破性思路，同时使产线更好地统一认知，使项目协同落地，从而直接作用于业绩提升。另一方面，促动会帮助参与者提升了站位、转变了认知，并提高了解决问题的能力。在组织能力方面，促动会通过采用这种跨部门跨层级的组织模式和特有的角色、流程设计，打破了"部门墙"，优化了内部流程，从而超越了传统的管理模式。

第 8 章　赋能组织：主任层项目助力组织能力和业绩双提升

## 生意智慧：成本、效率、质量、服务

为了实现绩效与能力的同步提升，产线促动通常选择涉及范围广、复杂度高的难题作为训练课题。这不仅要求促动小组要将产、供、销等各相关环节人员纳入其中，还要求参与者必须都能具备产线视野和生意思维。如此，企业才能突破部门职能或固有思维的局限，产出突破性的解决方案并发挥出高效协同的效果。

在这里，在项目中提出的"成本、效率、质量、服务"的宗旨，再次作为引导性框架发挥了显著效用。

在产线促动中，小组要围绕促动问题从"成本、效率、质量、服务"各方面关注方案对生意可能带来的影响。在运用过程中，这 4 个维度应保持四位一体，因为单纯从任何一个维度考虑，都不足以保证整体效果最优。假如一个方案虽然可以降低成本，但会在质量或其他方面带来负面影响，那么公司就需要重新促动，直到找出可以兼顾的方案。

例如有一次，集团一家工厂发现产品滴漏油的客诉增多。于是，工厂品管部走访市场，发现很多产品瓶底和瓶身都出现油污情况，产品销售和品牌信誉受到了影响。此时，该工厂已在 HR 的协助下梳理好产线架构并导入了产线促动方法，因此产线迅速针对这一问题开展了产线促动。

在第一次促动中，对问题的分析集中在灌装环节。车间分析是灌油的油嘴存在缺陷以及瓶口存在磨损变形导致了漏油问题。基于这一设想，产线对灌装的速度、温度、压力等进行测试，找到灌油速度和滴漏之间的关联性。于是，产线调慢了灌装速度；同时产线增加了在灌装前对油瓶检查的次数，以减少瓶口变形的油瓶进入灌装工段；最后，产线增加质监人员，防止有问题的产品外流。这套方案落地之后，滴漏情况有所减少，但该问题仍未彻底得到解决。

于是产线组织了二次促动。促动师引导："滴漏油情况仍然没有彻底被解决，这说明我们之前的方案还存在问题，大家试着从'成本、效率、质量、服务'的角度考虑一下，这个方案还带来了哪些后果呢？"一位工程师思考道："滴漏油有所降低，这是质量的提升；但是生产速度下调，这是效率的下降；同时，客户响应也变慢了，对服务也造成了影响。"促动师引导道："还有呢？"包装工指出："增加了质检频率和人员，成本也上升了。"这时，促动师进行小结："我们做了一系列的努力，但结果只有质量一个维度得到改善，其他3个维度都损失了。我们想一想，当初采取这个方案的原因是什么？面临的最大障碍是什么呢？"

工程师答道："这个问题是由设备缺陷造成的，如果更换设备，问题就可以彻底被解决。但是这个方案的成本实在太高了，光一个油嘴就超过几十万，而且因为油嘴也是系统控制的，机械结构需要与电气结构相结合才能起到效果，所以单换油嘴效果不会太明显，还要调整所有配套部分。而且，如果进行大范围整修，产线将面临停工停产。我们就是为了不影响生产，所以才在每次出现滴漏油时只考虑怎么能快速处理好，让设备继续投入生产的。"另一位老员工提醒道："这套产线是建厂时的老设备，当时的供应商现在都已经找不到了，如果换设备，只有找新的供应商，把整套设备全部换掉才行。"

促动师说道："那么，在不更换设备的前提下，我们有没有可能把事情做在前面，而不是等问题出现了再去想如何解决呢？"这时财务的同事想到："我们的设备平时是怎么评估的？"工程师回答："日常我们会做必要的维护保养，每天开机前都会关注一下设备的状况。遇到自己没法解决的大的问题时候，我们再请专业队伍全面评估。"促动师问道："为什么一般情况下我们不做全面评

## 第 8 章　赋能组织：主任层项目助力组织能力和业绩双提升

估呢？"工程师答道："主要还是刚才说的，考虑成本和生产任务的问题。"这时，促动师提出了一个开放性问题："有没有什么办法，不需要那么大的成本，也不需要中断生产任务，但是还能提前预防这个问题呢？"

在此结果框架下，大家的思路一下子打开了："设备没坏就先凑合着用，这样永远跟在后面救火可不行！""过程中的监控可以试试自动化。"有一位成员抓住了重构后问题的要点，说道："我们一直没有主动管理设备的机制，所以只能被动解决问题；我们也没有自主创新解决问题的机制，所以除了更换设备之外没有想其他的途径。"

由此，产线小组的思路转向了对设备（而非产品）进行前置管理和自主创新实施技改的方向。

工程师说道："我们可以尝试加装合适的监控检测设备。"包装主任说道："集团的精益管理项目提供了很多创新优化的工具方法，可以鼓励大家一起学习，出谋划策。" HR 说道："集团推行的'六型班组'项目有很多班组建设的模式，我们可以帮助包装主任建立学习型和创新型班组。"工程的同事接着说道："我们有所有设备的型号、图纸、说明书，而且机修的同事经验很丰富，他们可以协助技改和制定设备管理机制。"贸易部的同事表示："在前段时间 A 工厂刚升级了灌油设备和监控设备，目前设备的使用情况还比较好，采购可以去和他们的设备供应商沟通，尽快拿回一些设备资料来参考。"

一个月后，这家工厂由内部员工主导实施了设备改造，这一方案的成本与更换设备的成本比起来是微不足道的，改造过程也几乎没有对生产造成影响。由于建立了设备前置排查和过程管理机制，这一方案不需要减慢生产速度或增加质检人员，而且对设备和生产过程的管理效果远超过之前的方案。此后至今，该工厂没有再接到一起滴漏油投诉。

遵照"成本、效率、质量、服务"的宗旨，案例中的产线小组不断反思方案可能对生意各方面带来的影响，多次将方案推翻重来，最终找到了综合效果最优的方案。通过这次促动，产线上下也实现了自我突破，工厂的设备管理水平、人员的创新意识和质量意识，也都得到了大幅提升。

## 质疑重构：认知转变助力创新落地

为了使产线促动助力认知转变和创新突破，将绩效线与能力线有机结合，主任层项目开发出产线促动的"五步法"标准流程（见图8-4）。该流程引导大家一步步了解问题及其背景、对问题进行结构化梳理并反思重构，进而在重构后的认知基础上共创解决方案、共同谋划行动计划，最后思考和总结这场促动给大家带来的转变与提升。因为产线促动不仅仅能解决业务问题，而且能通过促动师的作用帮助大家提升能力，所以项目也为帮助促动师的角色发挥作用开发出一套有效的方法论，这就是"五步法"流程。

在"五步法"中最核心的一步就是"质疑重构"。促动师能否在这一环节成功地引导大家摆脱固有思维的限制、抓住问题的本质，是后续能否在"创新方案"和"规划行动"中引导出统一认知、促成方案落地的关键。

阐述问题 ➡ 质疑重构 ➡ 创新方案 ➡ 规划行动 ➡ 学习反思

图8-4 主任层项目开发的产线促动五步法

在质疑重构中，促动师作为业务的内容专家和促动的流程专家，以深刻的业务洞见和高超的引导技巧，帮助大家共同发现问题、分析问题，使隐性问题

## 第8章　赋能组织：主任层项目助力组织能力和业绩双提升

显性化，显性问题结构化。通过启发思考方法，促动师激发员工主动思考，引导大家自行找到解决问题的方法和所需的能力。最后，促动师引导大家关注重构后的问题核心，在新的层面思考解决路径。

通过对近几年销售数据的分析，集团一家营销分公司发现面粉产线的销量增长乏力。于是，该公司对标竞品引入了一款新产品。在新品上市几个月后，公司实施了进店铺市、特陈、档期促销、店内促销等常规手段，却发现动销缓慢。对消费者调研的反馈显示：多年以来客户已经习惯购买竞品了，不想换了。经销商的反馈为"终端不动销，库存不周转，不想突破"。这些意见让整个团队的信心备受打击。

针对这个问题，产线在 HR 的组织协调下成立了包括分公司总经理、项目组、营业所、促销员以及工厂端在内的产线促动小组，分公司总经理亲自担任促动师。

在促动中，促动师首先向工厂端提问："从质量和技术方面，你们怎么看待这个问题？"工厂端根据准备好的指标对标数据表示对产品质量及对标性都有信心。促动师进一步发问道："如果品管觉得产品对标没问题，那我们对比过成品吗？"这时，大家意识到："之前的铺市、分销、促销，都是对产品的宣传。如果从客户角度去看这个问题，我们可以从产品制作后的成品入手，让消费者直接品尝我们的产品。"此时，促动师再次引导聚焦："当地消费者最喜欢用这类面粉做什么食物？"此时大家找到了具体方向："当地喜好面食，面粉多用于蒸馒头，应该以馒头为出发点引导客户兴趣。"此时大家恍然大悟：消费者不是不认可产品，而是产品推广的方式没有触及消费者的感知，所以顾客才没有尝试购买。至此，问题重构为"如何设计贴合消费者习惯的推广方式"。

此时，一个"不卖面粉卖馒头"的创新方案已经呼之欲出：提供消费的技术操作指导，加强客户服务思维。在最终规划落地的行动方案中，工厂端从原来只对产品质量负责，延伸到对馒头房做研发操作指导；营销端的方案调整为选择馒头铺开展馒头展销、面点师驻场引流等活动；营业所的任务转变为结合本地特色创新推广；经销商则转向通过共享餐饮渠道、特殊渠道等各方资源进行推广。针对重构后的问题所实施的行动方案，终于帮产品打开了局面，使销量得到稳步提升。

依据产线促动双环学习的逻辑，产线组织了促动复盘，总结出新品上市流程清单，提出了可复制的新品推广模式。为了保持长期竞争优势，该分公司着手进行高端产品布局。最终，通过借鉴上述思路推出的高端产品也成功上市，成为销区内的一个爆款。通过反思复盘，一次产线促动的成果被沉淀并延续，生意发展变得更加良性。每位业务员的思维也从固守传统销售模式，转变为拥抱、洞察消费者喜好、关注客户导向的新营销方式。

通过五步法和促动师角色的有效发挥，业务上的难题被由隐而显地结构化和重构为新的面貌，突破的途径也随之被挖掘出来。经过促动过程，各环节人员也达成了统一认识，明确了协同发力的要点，并收获了优异的业绩表现和心智的提升。

## 横向协同：变不可能为可能

一般而言，每一项业务的顺利执行都需要流程上下游的密切衔接与配合。而如果要再造流程，使产线采取新的工作模式解决新的问题，则企业需要在促动中涵盖尽可能多的产线环节，促使每个相关环节的承接者都积极拥抱变化，并具备新的认知以及与之相匹配的能力。通过产线促动的方式，一方面，产线组织不断向链条上下游延伸，将任何有利的环节都囊括进来，寻求新方案的突

## 第 8 章　赋能组织：主任层项目助力组织能力和业绩双提升

破口；另一方面，各部门通过开放性对话，从局限于职务的边界之内转变为开放坦诚、建立互为客户的导向，实现最大程度的动员来推动方案落地。

原料接卸效率低、车辆厂内待停时间长，曾经是困扰集团不少工厂的一项难题。有些区域由于竞品工厂的接卸效率较高，很多客户转向选择竞品，或提出加价要求。

在启动主任层项目后，集团一家工厂的总经理提出希望通过产线促动解决这一老大难问题。此前，一到旺季，该工厂的车辆队伍就在厂区内堵得水泄不通。通过持续的产线促动，这家工厂在高峰时段的接卸时间最终缩短至原来的20% 以下。可以想象，如此大幅的效率提升，需要多少流程的优化和步骤的改进。但是通过产线促动，各部门态度产生了自发的转变，使再造流程不再是需要说服大家配合的工作，而是各部门主动创造、主动改变、争取实现的目标。

在产线促动中有一位原料化验主任提出："既然主任层项目提出以客户为导向，那我们首先应该感受到客户的需求，即排队的这些司机到底有什么看法。"第二天，这位原料化验主任带着化验班长，提前一小时来工厂找司机交流。到达工厂时，他们发现厂门口已经排起了长队，这让他们感到很意外，便问司机："怎么这么早就来了？"司机说："你们工厂排队时间比较久，所以我们都尽量早一点来排队，最早的司机一个小时前就已经到了。"

化验班长对主任说："没想到客户比我们上班要早两个小时就来排队，怎么能让客户这么辛苦地等呢？我们的上班时间能不能根据客户的时间做出调整，让工厂员工提前两小时到岗？"通过与各部门的交流，大家协商一致，都愿意根据司机到厂时间调整上班时间。以此为开端，产线经过多次专题促动，共同梳理制定出 4 大流程制度并将其高效落地，使当年的车辆待停时间缩短至原来的 71%。

## 赋能业务 EMPOWER YOUR BUSINESS

第二年，该工厂提出了更大胆的目标——将车辆待停时间缩短至原来的 38%。通过全年度 24 次产线促动，产线再次超额完成了目标。在巨大的效率突破背后的是无数流程细节的优化和落地。例如，在产线促动中大家分析出车辆进厂后排队最严重的是化验环节所在的区域。在产线负责人的引导下，大家拿出了一个跳出厂区建筑规划的流程方案——一部分检验人员将工作位置前置到厂门口，车辆进厂即进行初检，在这个区域，检验人员就要排除出原料有明显问题的一些车辆，让他们不用再进厂排队浪费时间；而后，复检的位置又后移到仓库，复检后直接入库。这一大胆设想通过不断促动成功落地，公司全面重构了接卸流程，再次实现了挑战性目标。

在 2020 年，工厂再次挑战新高度，借助集团专业线的专家资源，在相关的设备制造企业中实施产线促动，通过自动化提高接卸效率，最终实现了接卸效率超过促动前 4 倍的惊人提升（这三年的整体业务成果见图 8-5）。

通过产线促动企业打破了部门墙，使产线内各环节的协同力量发挥到极致，同时将上下游所有的有利资源纳入促动范围。产线的横向协同将内外部潜能充分挖掘出来，使许多原本看似不可能的方案得以成功落地。

### 能力提升：推动组织能力螺旋式上升

产线促动对业务的贡献，不仅是直接解决业务问题、打通产线链条，更深层的力量来自赋能组织能力的提升。产线促动之所以能成功打通绩效线与能力线，是因为它将能力培养植入了促动流程和方案落地之中，使参与促动的部门和人员在这个过程中主动提升能力，并能够很快对提升效果加以验证。

例如，某产品的加工生产对某原料的新鲜度要求极高，因而该原料从接卸到进入生产环节，需要在近乎严苛的时间限制内完成。

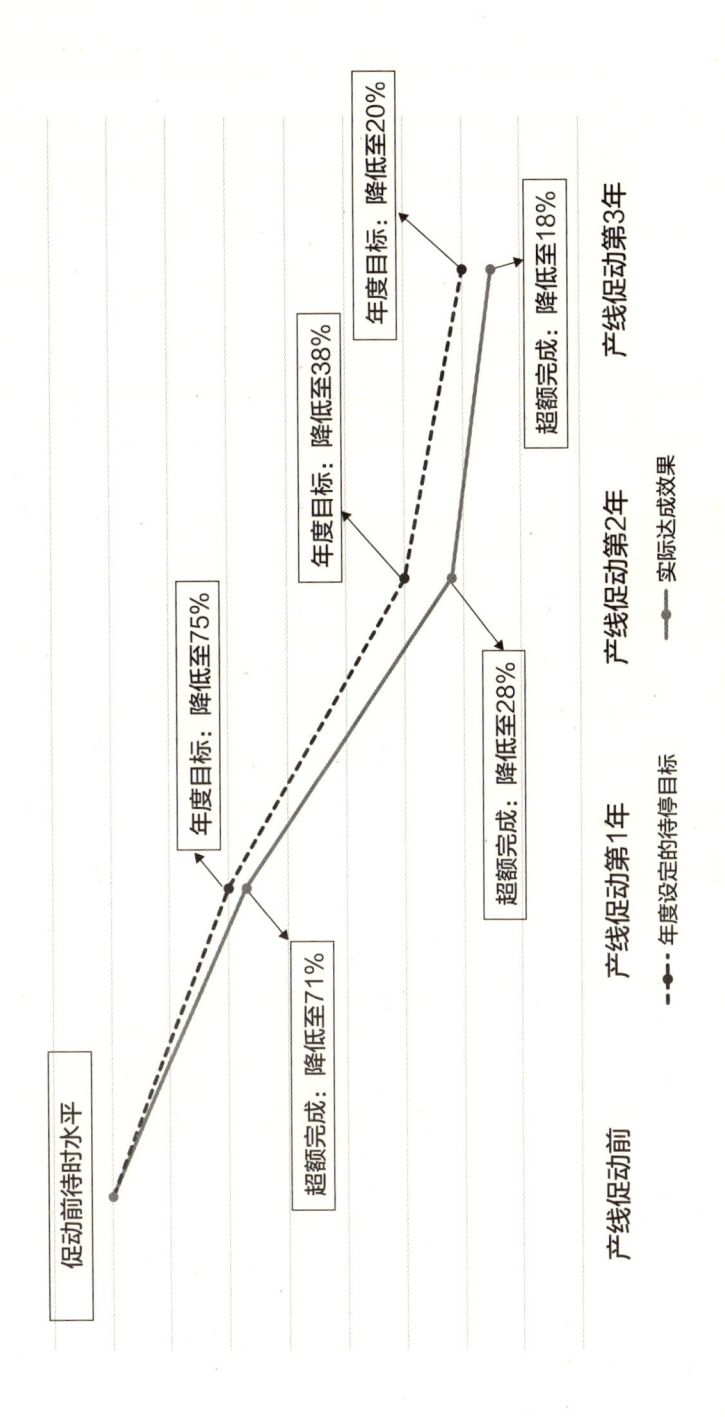

第8章 赋能组织：主任层项目助力组织能力和业绩双提升

图8-5 工厂通过产线促动取得的业务成果

- - ◆ - - 年度设定的待停目标
——●—— 实际达成效果

产线促动前
产线促动第1年
产线促动第2年
产线促动第3年

促动前待时水平
超额完成：降低至71%
年度目标：降低至75%
超额完成：降低至28%
年度目标：降低至38%
年度目标：降低至20%
超额完成：降低至18%

215

**赋能业务** EMPOWER YOUR BUSINESS

针对这一问题，在工厂原料接卸模式革新的产线促动中，促动师引导："原料车辆待停时间长，可能是整条产线作业流程的问题，因此解决的方案也应从各环节节点着手，包括采购、化验、接卸、生产、劳务。"经过促动，大家发现，在各相关环节都存在着可以优化的空间：厂内待停车辆的数量信息无法及时传达、车辆入场后作业空间有限无法实现及时接卸、车辆到厂时间与劳务工上岗时间不匹配等。经过问题重构，产线提出以下解决思路：如何避免车辆集中到厂？如何扩大卸车的作业面积？以及如何让供应商接受原料的装车方式变化，从而改变车辆到厂后的接卸方式，提高卸车效率？

根据这三条思路，产线各环节有针对性地提升了业务能力，协同推动方案落地，获得了接卸时间和劳务费用同时大幅降低的成果。同时，工厂还降低了客户装车成本，提高了客户黏性。

在此过程中，采购主任从以前单纯关注采购量转变为关注采购成本，他主动向财务人员学习分摊和利润知识，向生产人员了解原料工艺和温度对成本的影响，并向贸易同事了解原料的农业动态，向上游供应商了解加工工艺对原料质量的影响。品管主任掌握了结合生产计划、原料库存量和天气情况预判原料品质变化的本领，并通过数据分析对采购指标、加工指标的调整以及库存量的管理进行指导。在接卸环节，储运主任主动在库房内进行空间规划，同时安排理货员掌握预约系统内每天的车辆到厂时间，通过每车的吨数计算接卸位置。通过及时的调度，保证了原料的输入和输出同时顺畅，将原料在库房的周转时间缩短了将近一半。在生产环节，生产主任主动向部门经理请教，提升了原料的调配水平，从而极大地提升了车间日产能。

围绕产线目标，每个成员主动进行能力匹配，有针对性地提升岗位和跨岗位技能，使整个团队在面对新的问题时，站在了更高的起点。

## 第 8 章　赋能组织：主任层项目助力组织能力和业绩双提升

为更好地起到能力提升效果，主任层项目对产线促动中的角色和流程也做了独到的设计。在角色安排上，产线促动关注潜能主任培养，选择优秀的主任担任产线助理，安排其在复杂程度较低的问题中担任促动师。在促动过程中，产线也着重对潜能主任进行启发引导，或为其安排总结、记录等特别任务。

在流程上，HR 从能力发展角度介入促动，比如在"五步法"的"学习反思"环节对组员的能力表现和差距进行分析，并在促动后对组织能力进行复盘梳理。图 8-6 展示了一家工厂在稳定产品品质的产线促动中为产线带来的组织能力提升。

通过 HR 的观察记录、行为分析、引导反思和落地跟踪，一次产线促动可以助力每位成员的个人能力获得更大的提升。通过组织能力的自我完善，以及复盘带来的组织诊断和经验萃取，一个案例的成功解决，可以推动组织能力进入螺旋上升的良性循环。

## 8 大价值：实现组织能力全面提升

回顾主任层项目 6 年来的探索实践，项目能够使集团发生脱胎换骨的转变，帮助企业在困境与挑战中不断突破，持续提升经营业绩，首要的一点就是它抓住了业务的痛点。正是因为直面困扰总经理的问题，在业绩上起到卓有成效的帮助作用，主任层项目才成为集团总经理积极运用的工具。

聚焦组织能力的发展，是主任层项目中 HR 部门的立身之本和当行之义。也正是因为紧扣"通过组织能力发展赋能业务"的主逻辑，主任层项目才为业务带来了持续的增长，因为只有使组织焕发出生机，企业才能有足以应对变化

赋能业务　EMPOWER YOUR BUSINESS

**原料把控能力提升**
➤ 建立原料产情调研和质量筛选预判机制
➤ 完善原料验收及仓库分仓储存管理
➤ 建立配方每日梳理跟进机制

**技术服务支持能力提升**
➤ 产品精准定位
➤ 完善客户档案（检测/产品工艺等）
➤ 完成快速检测应用开发
➤ 建立技术人员分工专线跟进机制

**生产过程管理提升**
➤ 建立设备应用数据分析
➤ 完善生产方案管理
➤ 建立质量问题定期复盘机制
➤ 完善生产质量月度绩效考核
➤ 客诉溯源分析

**质量体系完善**
➤ 质量监控点前置
➤ 内控标准和自配改良剂流程梳理
➤ 深度清洁/倒仓/车辆检查等SOP[①]完善
➤ 完善库存产品货龄预警机制
➤ 生产现场管理常态化

产线促动：
稳定产品品质

图 8-6　稳定产品品质的产线促动：组织能力提升

① SOP 是 Standard Operating Procedure 的缩写。即标准作业程序，指将某一事件的标准操作步骤和要求以统一的格式描述出来，用于指导和规范日常的工作。——编者注

# 第8章 赋能组织：主任层项目助力组织能力和业绩双提升

的内驱力和创造力，获得长期的业绩增长保证。

组织能力包含很多方面，这在众多管理理论的模型中有着不同的阐释。但一家企业只有找到适合自己的模式才能赋能于业务。回顾主任层项目在组织能力上的作用，集团项目组总结出该项目的八大价值（见图8-7）。从主任层项目的三条主线以及诸种创新手段的效果看，项目产出的八大价值是多线条共同发挥作用的结果。

在明确统一目标方面："三度"将各公司上下各层级、部门卷入，调动、激发其积极性。总经理在运用平衡计分卡的过程中发挥的导师作用并让公司目标有效分解和下沉到部门、主任、班组、员工目标的层面。年初的目标发布和战略地图的共同研讨、年中复盘和年末总结的全程跟进，保证战略目标能得到持续贯彻和推进部门间绩效的横向打通，以及产线促动带来的高度协同则为横向的统一认知、目标落地带来了显著的效果。

图8-7 主任层管理技能提升项目核心价值

在培养生意思维方面：在平衡计分卡的运用中，主任层项目强调4个维度的平衡和相互支撑，帮助组织从多个维度推动财务结果的实现。产线促动创造出跨部门对话的场域，并围绕生意群策群力，使产线各环节都能站在全局的视野考虑和解决问题。"成本、效率、质量、服务"的理念，在各种场景中发挥价值引导作用，更使生意思维植入到员工日常工作的方方面面。

在树立客户导向方面：项目在制定平衡计分卡的客户维度目标时，提出精准定位客户、站在客户的立场上考虑问题等想法，这使每个部门和每位主任都仔细地聆听客户的声音，捕捉客户的诉求，有效地将客户服务举措纳入工作目标。"成本、效率、质量、服务"的理念，引导全员以服务客户为导向，使所有员工都将服务作为生意的一部分。

在打破"部门墙"方面：在绩效线中，目标的高度统一使企业的经营目标变成了全员共同的目标。同时在制定具体目标时，项目又强调部门间目标的紧密衔接，使每个部门的目标都能上有所依、下有所承。由于全员树立了客户导向的思想，各部门围绕共同的客户开展工作，自然也就摒弃了部门中心的思想，形成"同一个产线"的共识。依托产线组织，产线成员间的学习交流频繁，日常沟通畅通无间。通过产线促动会，各部门同事实现视角转换，这不仅有助于催生出创新的解决方案，更直接带动了产线链条共同努力将方案落地。

在聚焦能力发展方面：主任层项目的能力线培养原本就与绩效线的展开相辅相成，产线促动更是在实践中提升能力的有效手段。独特的"5-3-2"培养框架、人才测评与人才盘点的精准分析、个人发展计划和"五个一"的精准培养、"导师、教练、裁判"对下级成长的极大助力，这些都使员工的能力提升有径可循、有法可用、有力可借。

在优化内部流程方面：统一目标、生意思维、客户导向、部门联动、能力

## 第 8 章　赋能组织：主任层项目助力组织能力和业绩双提升

发展，上述种种成效都使得内部流程的优化有了更好的土壤。平衡计分卡的内部运营维度，将流程优化纳入了目标管理。尤其是通过产线促动，项目将流程的各环节都纳入同一个问题域，使流程的承接者主动拥抱变化，并以有效的促动方式催生出大量全新的流程再造方案。

在打造学习型组织方面：对主任层项目中种种理念、工具、方法的学习，在项目的前置学习阶段，就已经依托"三度"在各公司充分展开。通过集团项目组提供的书目、课程、讲师资源，和各工厂自发组织的公司级、产线级、部门级甚至车间级的线上和线下学习活动，集团在项目初期就已经实现了向学习型组织的转变。同时，能力线使得个体的学习更有针对性，并使其得到了来自上级管理者"三角色"的助力和 HR 作为专家与教练的有力支撑。而产线促动，则是通过引导启发、群体互动和以实践为本的方式，让学习的效果超脱知识和经验层面，作用于个体的心智突破。

在落地项目文化方面：生意思维、客户导向、高效协作、学习氛围等，都是对企业发展有益的因素。通过绩效线、能力线、产线促动中所有理念的渗入、理论的学习、工具方法的实践，各公司不仅统一了目标和步伐，更形成了统一的语言。通过"三度"的卷入，前置学习的推动，绩效线的全年跟进，"5-3-2"的展开，"导师、教练、裁判"的贴身指导，产线全面打通等措施的共同作用，项目文化深深地扎根在企业的各个层面。组织文化的建设难就难在形成浓烈的氛围，植入员工的心智，最后外化于员工的行为；可是，一旦组织文化形成氛围、植入心智、外化于行，便会迸发出难以估量的力量。

当然，这种列举并不足以穷尽项目体系与价值产出之间相互交融的作用，因为这种相互影响的过程类似于一种复合化学反应。一个组织能力发展项目面临的最大难点可能就在于如何引发这种反应，但这种反应一旦发生，则成功可期。

## 赋能业务清单

1. 主任层项目的成熟体系以绩效线、能力线和产线促动的"三线融合"为纲领。在此底层逻辑之上，项目提出了一系列原创的关键理念和方法，如"三度"理念，前置学习，"成本、效率、质量、服务"宗旨，"5-3-2"原则，"导师、教练、裁判"三角色，"五个一"培养模式等。

2. 主任层项目最重要的 3 个节点：年初的目标发布、年中的阶段复盘和年末的复盘评估。

3. 主任层项目的一个要旨是，在过程中提升能力。经理层要在主任的能力培养和绩效提升过程中扮演好 3 种角色：导师、教练、裁判。

4. 产线促动打通绩效与能力，要做到以下几点：

- 产线组织：打破部门墙的全新模式。

- 生意智慧：成本、效率、质量、服务。

- 质疑重构：认知转变助力创新落地。

- 横向协同：变不可能为可能。

- 能力提升：推动组织能力螺旋式上升。

# 第三部分

# 赋能业务项目实战

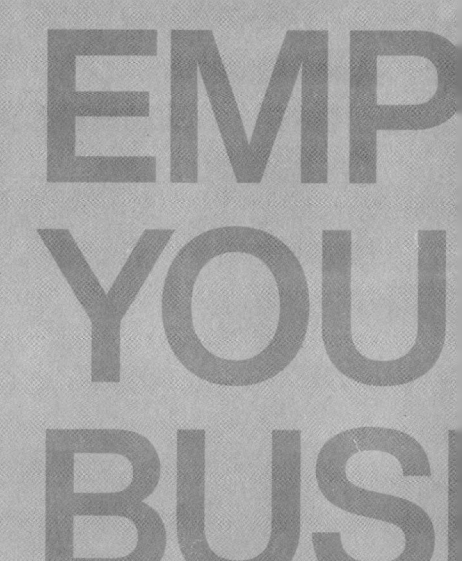

# 第 9 章
# 赋能业务项目设计的 ICIDE 模型

## 项目设计的 5 大误区

赋能业务的项目是赋能业务落地的关键产品。针对业务场景中出现的关键问题，企业通过设计并推动赋能业务项目，可以帮助业务创新方法，突破绩效，并在这个过程中借事修人，发展业务人员的能力，提高组织团队的战斗力。赋能业务项目的设计是关键难点问题。许多企业运用行动学习方法设计业务赋能类的项目，却经常会遭遇各种各样的困难。

记得在 2021 年于深圳举办的一次赋能业务专题沙龙上，当我分享完赋能业务的方法论后，在场的 HR 及学习负责人反响热烈，许多人举手提问。问题最集中的领域就是赋能业务项目的设计与执行问题。

例如："赋能业务学习项目的学员平时工作压力就很大，怎么保证他们对项目的投入度与参与热情？""赋能业务学习项目怎么获得老板与业务负责人的重视与支持？""如何提炼学习项目的业务问题？什么样的问题是一个好问题？""如何避免共创研讨时讨论热闹，却缺乏创新突破，产出质量不高的问题？"

深圳地区的民营经济发达，企业风格务实，行动学习非常普及。然而，行动学习是产生于 20 世纪的学习技术与方法，在新的时代，学习内容需要更新、升级与改造，以适应新场景下企业的需要。正如在深圳沙龙上 HR 及学习负责人的提问反映的那样，赋能业务项目的设计与实施并不容易，有许多难点问题需要解决。仔细分析那些失败的业务赋能项目案例，就会发现有 5 个最容易出现问题的方面。赋能业务的项目设计就要避免踏入这些"坑"。

## 假问题

赋能业务项目的出发点就是解决特定的业务问题，如果问题并非是真实的业务问题，或者不是业务负责人迫切关心的紧急问题，那么这样的项目就必败无疑。许多企业是在领导力项目中，设计了行动学习环节，行动学习议题仅来自对业务负责人的简单调研，以及学员自己的想象。这样产出的议题往往没有抓住业务的本质与关键。问题定义不精准，赋能业务项目往往结果不佳。

## 无创新

在项目中，真正有效的解决方案往往需要创新突破。然而，受制于参与者的知识与视野范围，企业仅仅通过引导工具讨论共创，很难产出高质量的成果。在共创现场，常见的现象是参与者将自己传统的思路提出来，简单汇总一下。这样的过程既没有新的知识导入，也没有智慧升华，新的产出还是受制于过去的思路，创新性解决方案很难产生。

## 落地难

在项目落地环节，企业缺乏授权、资源与组织机制，这导致项目落地执行过程遭遇困难，无法产生实际绩效。落地产出绩效是赋能业务项目的最大价值，也是最大难点。项目落地需要多部门的协同推动。如果项目推动的角色定位不清、权责不明，项目参与人的激励与考核没有明确，落地就会遇到困难与障碍。

## 缺成长

赋能业务的项目是一体两面的，强调在实现业绩突破的过程中发展人。这就需要在项目中设计发展人的环节。在这里，人的发展与业务绩效的推进应该是有机结合的。但现实是，许多企业的赋能业务项目并没有考虑人与组织能力的发展。即使设计了发展人的环节，也仅采用领导力课程形式，这就会造成业务达成与人的发展"两张皮"，学员得不到有效的成长。

### 能量低

赋能业务的项目往往是有一个周期的，短的 3 个月，长的 8 个月到 1 年。在长周期内，团队能量需要有效管理、持续调动。许多 HR 及学习负责人反馈学员参与度不高、能量不足的问题。其本质是项目对团队能量的规律认识不足，缺乏调动的手段，这就会造成学员参与度不高，甚至在项目遭遇困难的时刻，团队面临解体的风险。

## ICIDE 模型

我在《敏捷共创：让学习直接创造成果》中，对行动学习存在的问题进行了分析，提出了敏捷共创的全新学习模式。本章所提出的赋能业务项目设计方法论——ICIDE 模型，正是建立在敏捷共创学习模式的基础上的。

ICIDE 模型由 5 个部分组成，分别是洞察立项（Insight，I）、调研共创（Co-creation，C）、敏捷迭代（Iteration，I）、成就个体（Development，D）、赋能团队（Energize，E）（见图 9-1）。

- 洞察立项（I）：赋能业务项目的起点是需要解决的业务问题。因此，在洞察立项模块，核心任务是洞察业务发展中适合用学习的方法解决的关键问题。在此基础上，企业确定项目的目标，规划学习项目的参与角色、组织机制及投入资源。

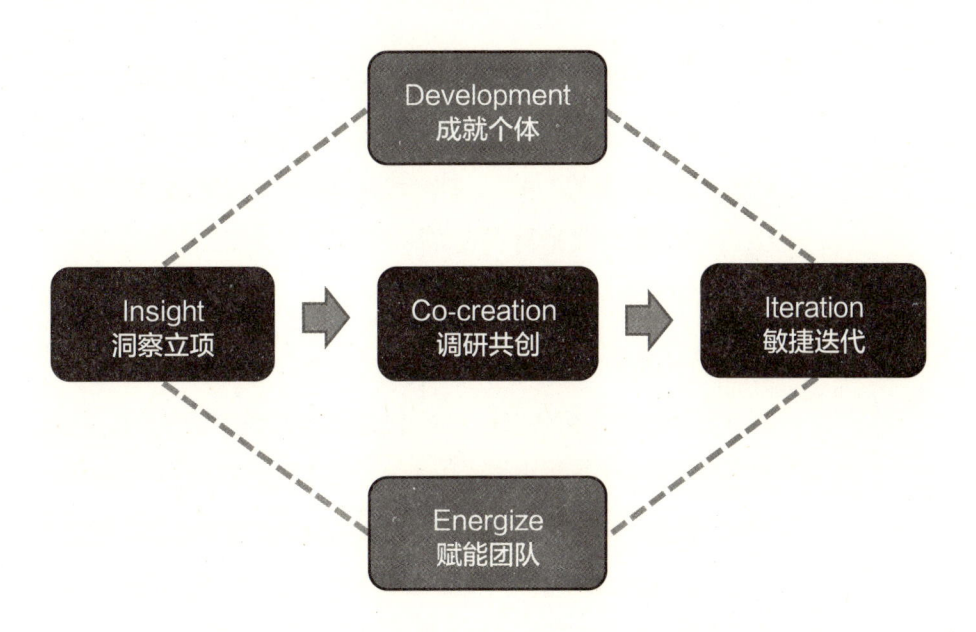

图 9-1 赋能业务学习项目设计的 ICIDE 模型

- 调研共创（C）：调研共创模块的目标是实现业务难题的创新突破。实现创新突破需要搭建知识的阶梯，这就应当明确研究课题所需要的信息、数据与知识工具，规划调研与研究的计划。在此基础上，企业设计共创工作坊，运用共创的方式实现智慧升华与创新突破。

- 敏捷迭代（I）：调研共创的产出是策略方案，从实验主义哲学的视角看，其本质是未经验证的假设，需要通过实践进行验证与优化。敏捷迭代环节并非是执行环节，而是通过迭代规划、试错验证、复盘优化、萃取复制等一系列过程，实现知行合一，最大限度地赋能业务，取得商业成果。

- 成就个体（D）：赋能业务的项目不仅要实现业务的突破与绩效的达成，还需要实现人的发展与成就。事与人，在项目中是一体两面、共同发展的。因此，成就个体模块的作用是设计人的发展环节，在行动中塑造真实的发展环境，让学员在历程中反思与反省，实现领导力的真实提升。

- 赋能团队（E）：赋能业务的项目通常需要一定的周期。面对课题的挑战与实现绩效的压力，项目团队能否克服困难打胜仗，团队的士气与凝聚力能否发挥重大作用，这就取决于团队的能量管理水平。在整个项目周期中，团队能量的发展与波动通常是有规律可循的。在关键的时点，企业运用有效方法对其进行干预，激发项目团队的能量与活力，这就是赋能团队模块的任务。

在赋能业务项目的设计模型中，洞察立项（I）、调研共创（C）、敏捷迭代（I）是串行的，是一个过程的主体，这3个模块构成了学员从发现问题、解决问题到落地实践的ICI业务线。从另外一个视角来看，这是一个业务团队共同学习克服困难的奋斗历程。

成就个体（D）、赋能团队（E）与ICI业务线是并行的，成就个体专注于参与成员个人领导力的发展，赋能团队则侧重于业务团队活力的激发。成就个体（D）、赋能团队（E）与ICI业务线之间是一个有机的交融关系，它们之间相互融合、相互支撑，共同构成ICIDE的赋能业务项目整体。

## 第 9 章  赋能业务项目设计的 ICIDE 模型

## 洞察立项：捕捉业务痛点，规划项目主题与目标

定义问题是解决问题的开始。洞察立项模块的关键就是定义赋能业务的问题，确定项目达成的目标，并在此基础上确定项目的分工及资源投入。因此，洞察立项模块的主要任务有 4 个：洞察与提炼主题，规划项目的目标、产出与成果，确定项目的 6 个角色，达成时间、权限与资源的共识。

**洞察与提炼主题。**

洞察与提炼项目主题是赋能业务项目成功的关键。第 4 章阐述了赋能业务的 7 大场景，赋能业务项目的选题就可以从这 7 大场景出发进行选择。

那么，选择什么样的主题呢？我们认为有以下 5 个标准可供参考。

- 面向未来。赋能业务的项目课题通常是面向未来的，没有现成经验与答案可供借鉴的，需要探索创新的问题。通过对这样的问题的探寻，企业可以扩展组织的认知边界，帮助业务实现从 0 到 1 的突破。当然，这样的问题往往会反映环境全新的变化。例如，在碳中和、碳达峰的全新背景下，企业在生产节能等方面如何应对等问题。再如，在新营销背景下如何打造网红品牌的问题。

- 真实问题。赋能业务的课题必须是真实的问题，而且是业务部门的痛点问题与难以解决的问题。只有这样，项目才会获得业务部门的支持，项目的价值也会获得业务部门的高度认可。这样的问题往往是动态的。市场是瞬息万变的，业务问题随之变化。因此，捕捉这样的痛点问题需要紧贴业务、深入业务一线、参与业务部门的关键会议、在业务的动态发展过程中寻找战机。验证问

题是否是真问题与痛点问题的方法非常简单。企业只需要约谈业务部门负责人，定义与阐述赋能业务的问题。如果业务部门负责人非常认可，甚至期待项目尽快实施，那么这个问题就是真实的痛点问题。

- 经典难题。所谓经典难题是在业务部门经常反复出现的问题，这样问题的出现必然反映出企业存在着一些根本的结构性矛盾。例如，在实体制造业企业中，产销协同问题就是一个常见的经典难题。销售预测不准确及生产供应链供应不及时，就会导致库存积压、客户订单响应率低等一系列问题。产销协同问题的背后是职能化分工，各职能部门追求部门利益最大化，就会产生部门墙及协同不足。这样的经典难题来自组织管理上的天然缺陷，因此，在赋能业务的学习项目中，企业就可以采用跨职能部门组建学习团队，整合公司资源解决问题的思路。这样的项目通常是非常有效的。

- 学习效果。我们必须清醒地意识到，并非所有的问题都适合运用学习的方法解决。例如，面对业务团队流失率高、凝聚力不强的问题，如果造成这一现象的原因是公司的薪酬待遇不高，或是业务团队负责人搞"公司政治"，那么这样的问题是不能通过学习的方法加以解决的。学习的方法能够解决的问题通常有以下特点：一是需要拓展认知与视野，通过知识与工具的运用去解决的问题；二是因业务工作方法不对路所产生的问题；三是需要多部门多角色协同解决的问题。

- 支持程度。赋能业务学习项目需要落地实施，项目负责人就必须具有落地实施的授权与资源,并使项目得到业务领导的重视,才能保证落地成功。因此,项目是否得到业务部门的支持,是考量选题的重要因素。这样的支持不能仅仅表现在口头上,而是还应该有具体的承诺。比如业务部门负责人是否担任项目发起人,并亲自参与项目重要节点;项目组织的专业度如何;项目投入的资源是否得到保障;是否建立起有效的项目激励机制等。

**规划项目的目标、产出与成果。**

赋能业务学习项目的主题确定后,企业就需要规划项目的三个O:目标(Objective)、产出(Output)与成果(Outcome)(见图9-2)。

- 第一个O是目标。目标就是在任何项目开始之前,我们一定要明确它的基本目的。这就包含业务目标、团队目标及个人发展目标。业务目标就是项目实施期间要达成的主要业务目的、解决的特定业务问题,例如新产品成功上市、提高产品的质量、降低产品的成本,或提升某条产线的产量等。团队目标及个人发展目标则分别侧重业务团队的建设、个人业务能力的发展。

- 第二个O是产出。产出是指在项目实施的过程中,项目的交付物是什么,这包括解决方案、策略报告、产品配方、设计图纸、工艺流程、过程计划、萃取的案例等。这个产出非常重要,它不但是商业成果实现的基础,也是组织知识的沉淀和贡献。

- 第三个O是成果。成果就是在执行方案之后,项目为企业创造

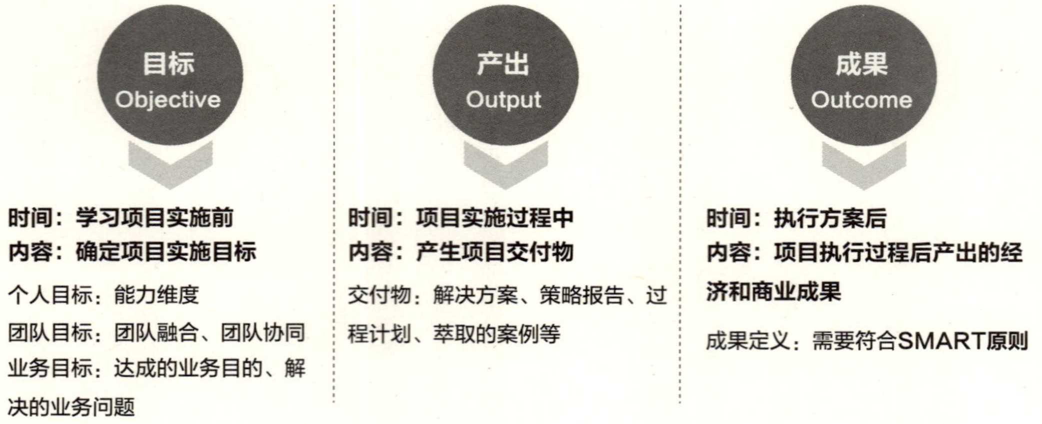

**目标**
Objective

时间：学习项目实施前
内容：确定项目实施目标

个人目标：能力维度
团队目标：团队融合、团队协同
业务目标：达成的业务目的、解决的业务问题

**产出**
Output

时间：项目实施过程中
内容：产生项目交付物

交付物：解决方案、策略报告、过程计划、萃取的案例等

**成果**
Outcome

时间：执行方案后
内容：项目执行过程后产出的经济和商业成果

成果定义：需要符合SMART原则

图 9-2　规划项目的三个 O

的经济和商业成果。它要符合SMART原则[①]，一定是具体的、可衡量的、可达到的、与工作目标相关的、有时间界限的。比如在年底前某一细分市场销量同比提升15%、年度产品良率提升10%等。

让我们以一个具体项目为例进行说明。一家连锁商超的学习部门深入业务部门，发现商超的新品效能产出低，品类结构臃肿。通过进一步诊断，学习部门发现，造成这一问题的原因是采购部门买手的三项关键能力不足，分别是商品谈判能力、品类规划能力与消费者洞察能力。

于是，学习部门设计了买手训练营项目，分别规划了项目目标、项目产出及项目成果。

- 项目目标：业务目标是要提升新品效能，优化品类的结构；能力目标是发展采购部买手的商品谈判、品类规划及消费者洞察三项能力。

- 项目产出：搭建出科学的品类结构，制定新品类结构的规划方法，沉淀经验、形成模型。

- 项目成果：新品效能提升5%，梳理不动销商品1 000个无效SKU[②]，商品周转加快0.5天。

---

[①] SMART 是 Specific、Measurable、Attainable、Relevant、Time-bound 的缩写。SMART 原则是为了让员工更加明确高效地工作，更为管理者提供了对员工实施绩效考核所需的考核目标和标准，使考核更加科学化、规范化，更能保证考核的公正、公开与公平。——编者注
[②] SKU 是 Stock Keeping Unit 的缩写，指最小存货单位。——编者注

**确定项目的 6 个角色。**

赋能业务的学习项目是要落地实施的，这就需要明确项目中的 6 个角色，建立起项目的推进组织。这 6 个角色分别是学员团、发起人、组织者、内部客户、影响者及专家团（见图 9-3）。

- 学员团：学员团是具体承担项目任务，并全程参与达成项目目标的一组人。参与学员应当拥有完成项目任务的职权与知识能力。

- 发起人：发起人是学习项目的发起者，任何项目都一定要有发起人。一般项目由具有权限与资源的高管发起，发起人是项目最重要的支持者与评估者。

- 组织者：组织者负责项目的设计统筹、组织实施、项目管理、后勤保障，一般由 HR 及学习部门承担这一角色。

- 内部客户：内部客户是项目问题解决后的最大受益者，也是项目执行的第一责任人。通常由项目涉及的业务部门负责人担当这一角色。

- 影响者：影响者是项目落地涉及的相关部门，他们的角色是要支持、帮助整个项目的落地。

- 专家团：专家团是为学习项目提供知识、经验，为学员提供指导的专家。既包括外部专家，也包括内部专家。

在实际项目角色的设定中，一个常见的问题是 HR 学习部门越位，承担项目第一责任人角色。这就会造成两个问题：一是业务部门没有责任，就不会真

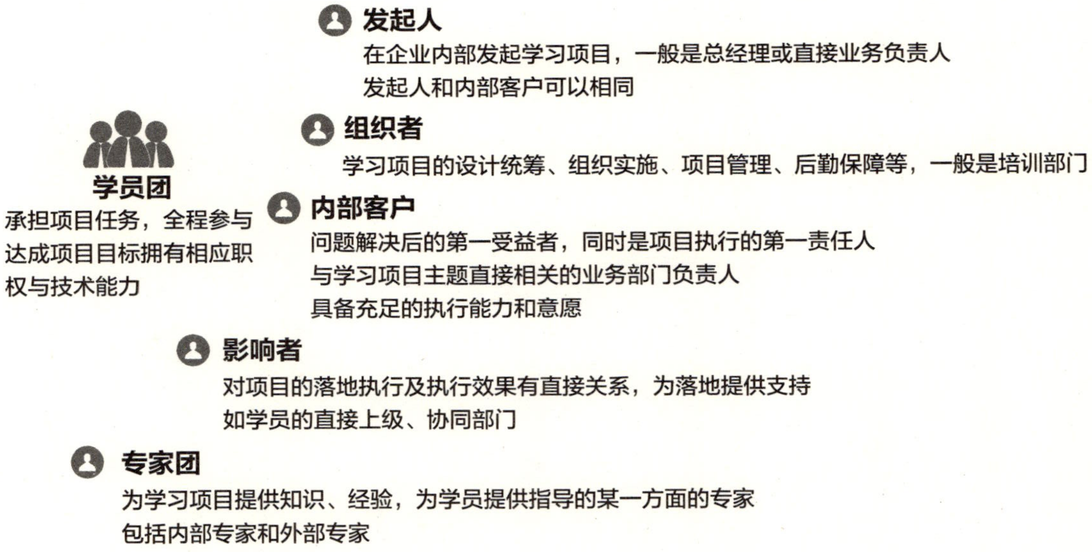

第 9 章　赋能业务项目设计的 ICIDE 模型

**学员团**
承担项目任务，全程参与达成项目目标拥有相应职权与技术能力

1. **发起人**
在企业内部发起学习项目，一般是总经理或直接业务负责人发起人和内部客户可以相同

2. **组织者**
学习项目的设计统筹、组织实施、项目管理、后勤保障等，一般是培训部门

3. **内部客户**
问题解决后的第一受益者，同时是项目执行的第一责任人与学习项目主题直接相关的业务部门负责人员备充足的执行能力和意愿

4. **影响者**
对项目的落地执行及执行效果有直接关系，为落地提供支持如学员的直接上级、协同部门

5. **专家团**
为学习项目提供知识、经验，为学员提供指导的某一方面的专家包括内部专家和外部专家

图 9-3　确定项目的 6 个角色

237

正地投入时间精力与资源做项目，业务部门的学员参与度不足；二是 HR 学习部门职权越位，会导致业务部门产生抵触情绪，造成部门间冲突与矛盾。这样的安排几乎必然导致项目的失败。

因此，HR 学习部门应当扮演学习专家与组织者角色，甘当绿叶与服务者。如果将赋能业务项目比喻成一场戏剧，那么 HR 学习部门就应当是编剧与导演，舞台的主角一定是业务部门与学员。

此外，与领导力发展项目不同，学员团的选择并非依据人才梯队建设目标，而是从赋能业务出发，选择原本就面对这个业务问题的人。换句话说，学员团是在真实业务场景中的真实业务团队。他们不仅拥有解决问题的职权，还拥有参与项目的意愿。

**达成时间、权限与资源的共识。**

在赋能业务项目的 6 个角色确定之后，企业就需要让项目的 6 个角色达成共识、启动项目。共识包括 3 个方面。

- 时间。任何项目都需要投入时间，项目的各个角色都需要做出具体承诺。例如，项目发起人需要有在项目启动会、项目结项会等重要节点上出席的承诺。
- 资源。项目需要投入的资源包括人、财、物、信息，在项目开始之前各角色成员必须要达成共识。
- 权限。权限指在项目中的组织权、策划权、执行权、评估权、指导权等，这些权力的有序分配也非常重要。

## 第9章　赋能业务项目设计的 ICIDE 模型

上述所有角色必须对时间、资源和权限达成共识，而且是以签订项目立项书和承诺书的方式达成共识。在整个项目开展起来之后，这样的项目才会得到各方的理解和支持，否则该项目后期实施风险是非常大的。项目共识的达成可以采取多种形式：

- 深度会谈。企业与内部客户、项目发起人等项目关键角色做深度沟通与汇报，对项目达成的目标与技术路线做说明，并对项目需要的资源提出要求。

- 立项沟通会。学员团、影响者、专家团可以在立项沟通会上对整个项目的立项细节进行说明，让各方参与共创，拿出正式的立项报告。

- 项目手册。在项目手册中，企业对赋能业务项目的 3 个 O，参与角色，实施周期，时间、资源与权限进行说明。在项目实施过程中企业也可使用项目手册提醒与推动执行项目共识。

我们再次回到刚才提到的超市买手训练营项目，以对项目角色及共识达成进行说明。

- 学员团：入职满一年的采购。他们全程参与项目，拥有项目的执行权。

- 发起人：公司分管采购的副总裁。他在关键节点参与项目，提供项目资金，拥有项目评估权。

- 组织者：培训部门。他们全程负责项目运营与管理，提供学习资

239

源，拥有项目机制的策划权。

- 内部客户：采购总监，也是项目第一责任人。他全程参与项目，直接指导与推动学员团，拥有对学员的考评权。

- 影响者：商品综合管理部、配送中心、信息部、财务部。他们在项目节点参与项目，配合项目的执行落地，参与项目调研与共创，有项目策略建议权。

- 专家团：内部专家是内容专家，对消费者洞察、谈判等专业内容进行指导。外部专家是学习专家，对赋能业务学习项目的设计实施进行指导。专家团是学员团的导师与教练，为学员团提供相关的知识与工具方法，拥有对学员团的评估权。

## 调研共创：共创实现创新突破的 4 个要点

在调研共创阶段，关键任务是实现业务策略的创新突破。然而，在行动学习实践中，一群人热烈讨论一天，但是共创产出结果却不尽如人意的现象经常出现。这往往会导致学员的挫败感，也为赋能业务落地环节带来障碍。

**打开共创的黑箱。**

那么，造成共创质量不高的原因是什么？为什么难以实现创新突破呢？通过对大量行动学习实践的观察，我们发现造成共创质量不高的原因有以下几点。

- **一是固化思维限制**。参与共创的人正是日常面对这个业务问题的人。他们长期在一个组织共同工作，这种经历就会塑造趋同的思维方式。面对业务难题时，他们就难以跳出固化思维的盒子创新思考，总是被限制在传统解决思路上。

- **二是缺乏知识、工具与信息**。不同的业务问题需要不同的知识与工具，创造新知需要站在现有知识阶梯之上，如果学员缺乏有针对性的知识工具的学习，自然就缺乏解决问题的能力。此外，学员还需要掌握决策需要的信息与数据，这就需要学员提前针对问题现状进行调研。如果缺乏信息数据的准备，学员自然难以准确找到病灶，提出有效的解决方案。

- **三是共创问题不清晰**。共创工作坊的设计非常重要。其难点并不在于共创引导工具的使用，而在于共创问题的精准分解及可以研讨的子问题的形成。如果问题分解不够清晰准确，那么针对空泛的问题研讨，项目自然很难产出高质量的结果。

- **四是产出定义不准确**。共创设计需要以终为始，在研讨共创之前，项目就需要精准定义产出是什么。如果在研讨前没有定义产出结果，项目就很容易陷入空泛讨论，最终结果仅仅停留在一些无法落地的想法上，产出质量自然很难保证。

提高共创质量的核心在于剖析共创，发现那些影响共创产出质量的关键要素。通过上述分析，我们可以尝试打开共创的黑箱，绘制出敏捷共创原理图（见图 9-4）。

共创黑箱的输入是问题，输出是产出。影响共创的关键要素主要包括焦点问题、内容导入、过程管理 3 个方面。

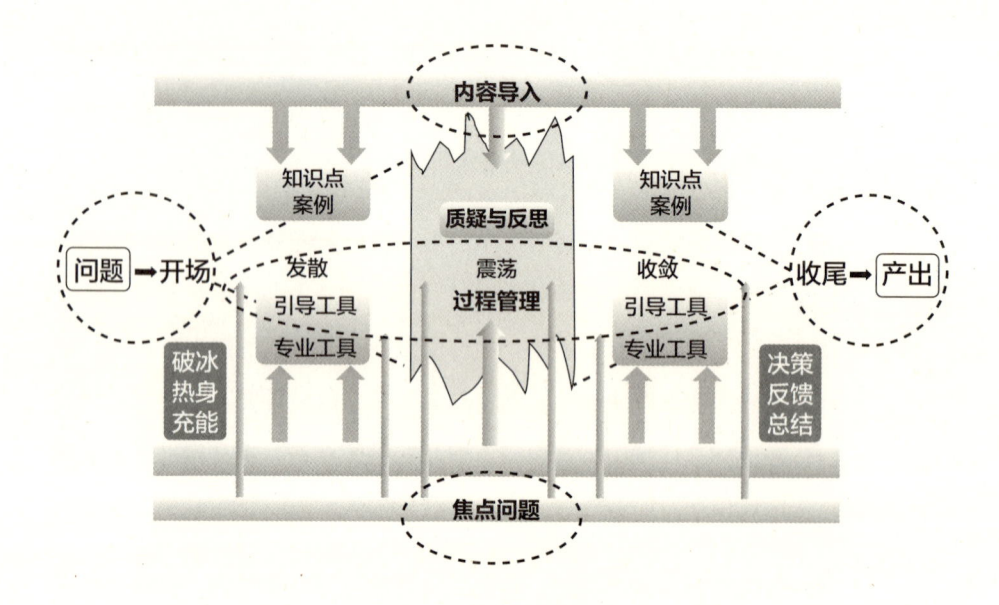

图 9-4 敏捷共创原理图

- 焦点问题是指企业将大的业务问题分解为可以研讨解决的子问题。问题的定义与分解是否精准有效，直接决定了共创的质量。

- 内容导入是指企业在共创过程中导入的知识、案例、信息与工具方法。内容导入的作用在于打开学员的视野，帮助学员洞察与锁定真正病因，并辅助学员运用恰当的知识工具方法解决问题。

- 过程管理是企业对共创的过程进行设计。在发散、震荡、收敛 3 个阶段，项目运用设计不同的引导工具，帮助学员打开思维边界，深度会谈，得出切合实际的产出方案。

## 第9章　赋能业务项目设计的 ICIDE 模型

**四步法提高共创质量。**

根据敏捷共创原理图，我们可以通过 4 个步骤提升共创质量，分别是：问题分解、知识建构、引导共创及产出定义（见图 9-5）。

**第一步，问题分解：把整体问题分解成可以探讨的子问题。** 赋能业务锁定的问题通常是整体问题，这样的问题无法直接研讨和解决，而是应当被拆解成一些子问题。讨论清楚了每个子问题，整个大问题就解决了，所以焦点问题的分解是共创准备的第一步。而问题分解的关键是企业识别出影响整体问题的关键因素是什么。

问题分解可以从两个角度进行：一个是企业对造成问题的原因进行分析。通过多问几个为什么，企业层层梳理造成问题的关键因素。具体可以用"5 个为什么"或是因果网络分析图等工具。另一个是对达成目标的关键影响因素进行分析，企业可以应用鱼骨刺图法等工具方法。

**第二步，知识建构：为每个子问题匹配与这个子问题相关的知识、工具、信息和案例。** 知识建构非常重要，它为学员搭建了探索未知的知识阶梯，解决了共创学员的思维固化问题。在这个阶段，项目可以用全新的案例来打开学员的视野，教给学员专业的工具和方法，让学员把它们运用到这个问题的解决过程中去，再使学员将方法与自己的经验结合，以确保共创质量。知识建构既包括专业的知识工具、方法、案例，也包括信息与数据。

这里知识的导入和传统课程不一样，传统课程是以知识体系为导向的，而这里是以问题为导向的。精准提供与问题相关的知识工具，这就会降低学员的认知负担，提升共创研究效率。例如，如果企业要解决的是营销问题，我们就需要运用营销的专业知识工具；如果企业要解决的是运营问题，我们就应当采用运营的知识与工具方法。

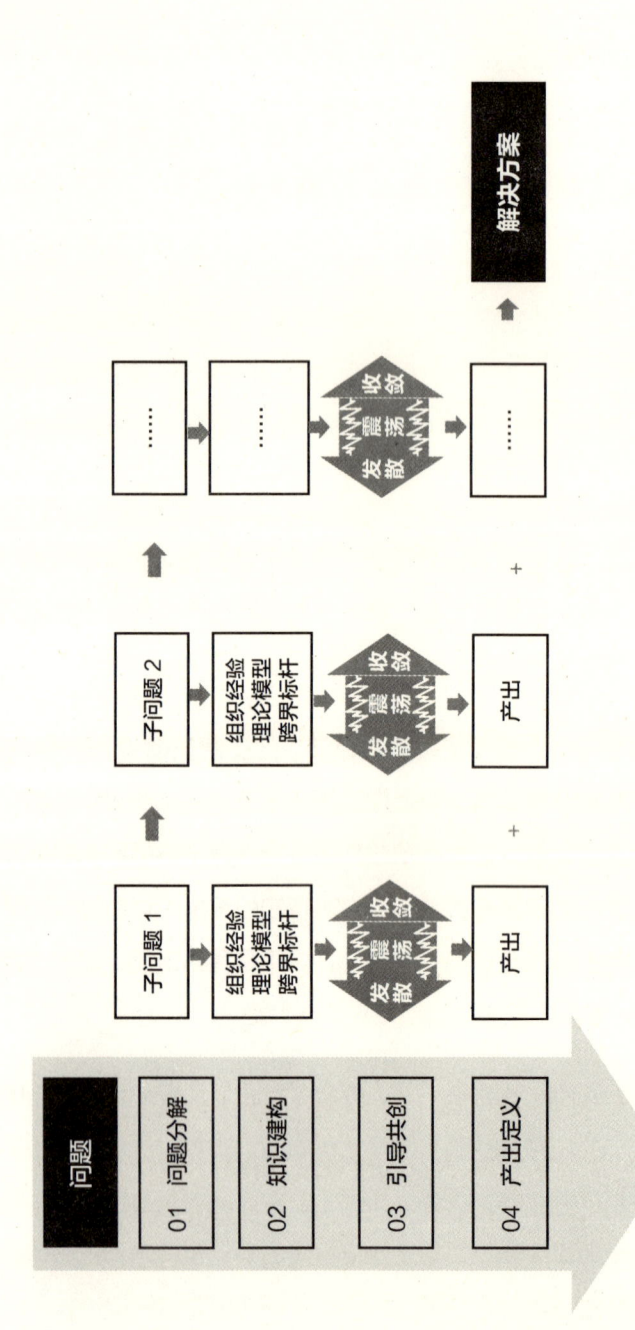

图 9-5 共创解决策略：从问题到解决方案的过程

## 第 9 章　赋能业务项目设计的 ICIDE 模型

在课题的研究中，信息与数据的采集也是非常重要的一环。课题小组应当针对研究课题，规划所需的信息，并制订调研与二手资料收集计划，为研究与共创奠定基础。

在获取专业知识工具与标杆案例方面，学员可以寻求专家的帮助。专家既可以从企业内部找寻，如对项目议题有经验的领导、专家等，也可以从企业外部聘请，如行业专家、咨询专家、优秀实践者等。

**第三步，引导共创：通过设计共创过程助力高质量产出。** 高质量的共创能够激发集体智慧，形成化学反应，产出高于每个参与者个体智慧的成果。然而，共创中经常会出现会议跑题、观点冲突、思维打不开、决策不切实际等问题，这会导致共创成果不尽人意。为了提升共创质量，项目就需要设计与把控共创的过程。总体来看，有效共创的过程包括发散、震荡与收敛 3 个阶段。

- 发散阶段：在共创开始的阶段，项目需要激发参与者的投入精神，产出更多的观点与创意。因此，在这个阶段中，引导师多用开放式的问题，调动起学员的想象力与直觉。在发散阶段，引导师不能对学员进行批评、打断与指责，而应采取鼓励与欣赏的态度。发散期可以运用的引导工具有头脑风暴、团队列名[1]、力场分析[2]、需求与给予、世界咖啡[3]等。

- 震荡阶段：当发散期产出了初步共创成果之后，共创就可以进入

---

[1] 团队列名法是头脑风暴的变种，比头脑风暴的结构性更强。——编者注
[2] 力场分析法是一种使用图表分析模型对促进或阻碍变革的各项力量加以分析的方法。——编者注
[3] 世界咖啡法是指围绕一个问题创建集体会议，让参与者存在咖啡屋般的氛围里深度交流、碰撞思想，形成集体智慧的方法。——编者注

震荡期。发散期产出的成果，往往基于参与者的直觉与个人假设，这些主观思考是否符合客观实际，能否得到事实与数据的支持，过去的观点假设在新的时期是否已经过时，这些都需要在震荡阶段进行沉淀与精炼。

震荡的过程既像是沙中淘金，又像是智慧交融的化学反应过程。震荡的过程就需要观点的交锋与挑战，也需要相互交融、嫁接与创新。这个阶段应该有质疑与反思的精神，学员要勇于对自身原有的观点与假设进行审视与改变。震荡期可以运用鱼缸会议[①]、艺廊之旅等工具进行设计。

- 收敛阶段：收敛阶段是共创研讨的最后阶段，其目的是形成最终决策，产出共创成果。收敛阶段注重成果的质量，注重限制性的因素，强调分析与逻辑。由于决策往往涉及行动与计划，因此，收敛阶段就应当聚焦，形成可落地的计划与方案。收敛阶段应当多运用封闭式的问题。例如，看看哪些点最关键？看看它们有什么共同点？如果只能采取三项行动，我们如何选择？最终决策可以借助投票法、多维决策矩阵等工具达成。

**第四步，产出定义：明确定义共创的产出成果**。在共创之前，项目就应当明确共创的产出成果。共创的产出成果可以分几个类型。

- **一是共识决策**。这个产出的要求相对比较低，只要形成参与者共同认可的决策就可以了，不涉及如何做的具体策略。

---

[①] 鱼缸会议是指参会的部门或员工轮流坐在会议室中间倾听他人意见，并且不加以反馈的会议形式。因倾听者不能发言，就像鱼缸中的鱼一样，故而得名。——编者注

## 第 9 章　赋能业务项目设计的 ICIDE 模型

- **二是方法策略**。这就需要规划解决问题的具体方法，并基于问题建构系统的解决策略。

- **三是计划方案**。如果是计划方案，项目就需要涉及具体的行动举措、分工负责人、时间节点、资源配置等一系列内容，形成可以落地实施的方案与计划。

- **四是经验萃取**。这是对参与者过去经验加以总结与提炼而形成的可以复制学习的知识工具，如标准作业流程（Standard Operating Procedure，SOP）手册、案例集等内容。

让我们以一家汽车配件跨国公司的降低成本课题为例进行说明。这家跨国公司面对中国新能源造车企业的崛起，需要变革成为具有更低成本与更敏捷反应的供应商。因此，降低成本就成为公司非常重要的课题。于是，公司组建了跨部门的小组，对这个课题进行研究。

- 问题分解：通过讨论和分析，他们将降低成本这个课题分成了几个子问题，如在生产工艺流程中如何降低成本、在材料选用中如何降低成本、在生产计划中如何降低成本、在采购策略上如何降低成本等。之后项目课题组再从不同的子问题出发，对其进行深入的分组讨论。

- 知识建构：针对上述子问题，项目需要生产工艺、材料、生产运营、供应链等相关的知识工具与信息数据。一方面，他们专门制订了调研计划，对供应商、客户、生产、采购等相关职能部门进行了调研，收集相关的信息与数据。另一方面，他们邀请了公司内部采购专家、研发专家、外部材料供应商的技术专家等，针对这个议题，给予了团队专业的知识赋能与指导。

- 引导共创：在接下来的发散、震荡和收敛阶段，他们运用相关的引导工具方法进行了共创。最终大家达成了共识，找到了最具可行性的关键切入点。这就是通过导入新的材料来降低成本。接下来，大家又把导入新材料设定为新的焦点问题，再次对该问题进行分解，甄别出在哪些产品中、导入哪些新材料，对于降低成本来说是最有效和最可行的。

- 产出定义：最后，大家明确了项目的目标，共创产出了项目的策略方法，制定了项目的落地计划方案。最终，在保证了质量的前提下，成本得到大幅度降低，项目获得了巨大的成功。

## 敏捷迭代：项目落地过程不是执行而是试错与迭代

通过策略共创，项目可以产出策略方案。然而，从实验主义哲学的视角来看，团队共创环节产出的成果，只是停留在人们头脑中的主观假设。主观假设是否符合客观实际呢？答案当然是不一定的。有太多企业实践可以证明，没有经过验证和试错就大面积铺开的策略，往往会给组织带来灾难。

所以，产品、策略、方案要想提高成功率，项目组就必须走出办公室，在种子客户及市场中做现场测试与验证，并基于验证结果优化与迭代方案。这正是迭代验证环节的价值所在。需要注意的是，迭代验证并非落地推广，它的目的是检验共创知识与方案的可行性，而非取得绩效成果。

那么，怎么试错和改进呢？这就要提到，赋能业务设计模型 ICIDE 的第二个 I，即敏捷迭代。那么，什么是敏捷迭代呢？顾名思义，它包括两个思想，即敏捷和迭代。敏捷思想，源自敏捷项目管理，要求反应快速，项目可以对客户的反馈做出灵活反应。而迭代，源自软件开发的统一软件开发过程（Rational Unified Process，RUP）模型，即测试、验证、设计、编码的持续开发模型。敏捷和迭代二者是不可分割的。如果空有敏捷，没有迭代，这会让错误反复发生。而只有迭代，却不敏捷，这就会提高开发成本，还可能导致因为反应缓慢错过商业时机的情况发生。

综上，敏捷迭代是结合敏捷和迭代的思想，快速试错、高效验证并持续改进的方法。

基于敏捷迭代的思想，《精益创业》的作者埃里克·莱斯发展出一整套能够大幅度提升创业效率的方法和理论。这种方法，就是用最小化可行产品，尽快进入开发阶段，然后通过"开发—测量—认知"的反馈循环，快速迭代产品的创业策略。这种策略可以大幅度降低创业成本，控制创业风险。通用电气作为一家大公司，也运用敏捷迭代的思想，发展出创新机制 FastWork 这样全新的工具和方法，来帮助经理人进行敏捷项目落地验证。

因此，我们可以发现，敏捷迭代是一种非常重要的思想方法。它可以帮助我们将方案在实践当中，进行验证和优化，并获得更有价值的方案，为项目的切实落地打下坚实的基础。那么，使用敏捷迭代推动项目时，应该采取哪些步骤呢？有四步，即迭代规划、试错验证、反思优化和萃取复制（见图 9-6）。

**第一步，迭代规划。**

这就是指在整体执行之前，项目组先将规划和设计进行迭代。那么如何规划呢？

赋能业务　EMPOWER YOUR BUSINESS

图9-6　敏捷迭代落地的四步设计

- **首先，项目组将设想转化成可以行动和落地的计划方案**。在策略共创阶段，产出的是策略，在迭代规划阶段，项目组就需要将策略转化为有明确行动、责任人、时间规划，并且可落地的计划方案。在这个过程中，项目组可以运用搜集、澄清、归类、次序、成型等计划方法。

- **其次，项目组需要规划投入的资源和试错范围**。本阶段的原则是降低试错的成本，提高试错成功的概率。在这个指导思想下，项目组就需要"小筹码，勤试探"，把试错的成本降低，而增加试错的次数。这就需要聚焦，选择特定的区域与客户群体进行检验测试。测试的产品、方案也不需要完美无缺，而是最小化可行产品，或是能够检验的计划方案。最小化可行产品，不但自身成本低廉，而且其改进的成本也很低。这就达到了提升试错效率，降低试错成本的目的。

**第二步，试错验证。**

这是指将落地执行前期规划的方案、计划、产品，在真实的市场与商业环境中进行尝试与验证。具体可以分为 3 个步骤。

- **首先，项目组要理清产品、策略、方案背后的认知假设是什么**

  比如：客户真正需要什么？不要忘了，这些在验证之前都只是假设。例如，美团之所以能够在"百团大战"中杀出重围，一项关键的策略是"补贴优质供应商"。这项策略的假设就是美团的忠诚消费者最认可的价值要素是服务品质。美团通过补贴与垄断优质餐馆，提升外卖平台的产品服务品质，吸引与沉淀了一批优质且忠诚的消费者。这是美团成功的秘诀之一。美团的这一假设得到策略试错与客户数据反馈的验证。

- **其次，项目组确定行动项目的角色、分工与责任**。在这个部分，项目应当成立正式的项目推进组织，明确谁是项目第一责任人、谁是第二责任人，有哪些项目角色与分工，各自需要承担的工作等。

  除此以外，还需要规划项目的评估与激励机制。也就是，企业对项目的执行过程及质量进行估项，并根据评估结果规划激励机制。例如，企业设立项目奖项、将项目绩效评估结果纳入参与者年度绩效评估中、将项目评估结果作为学员晋升的参考等。

- **最后，项目组要规划试错行动过程的信息反馈机制**。在试错环节，信息反馈机制是非常重要的，它有利于我们及时掌握行动过程中的各类情况，并及时做出策略调整。这就要规划反馈的形式和反馈的频率。例如，项目简报形式的周度反馈、线上作业形式的双周反馈、项目会议形式的月度反馈等。反馈信息应当精炼、具体又准确，这有利于项目组掌握项目进展情况。

在试错过程中，企业需要秉持开放与发现的态度，保持客观。试错和验证的过程，决不能是领导者或者项目团队自己闭门造车的过程，一定要从客户中来，到客户中去。千万不要把试错变成"试对"。缺乏客观中立的立场，把试错验证变成"项目可行的证明题"，目的只是为了证明领导和团队方案天然正确，这样自然达不成试错的效果。因此，领导和团队，必须要虚心开放，有"闻过则喜"的胸襟和气魄。

**第三步，反思优化。**

在试错验证之后，我们进入敏捷迭代的第三步，即反思和优化环节。我们要基于试错的结果，进行反思和优化，之后重新调整方案，再试错验证。所以步骤二和三是一个不断循环的过程。

反思的关键是验证假设。反思可以思考 4 个问题。

- 行动结果是什么：企业对试错行动产生的结果进行反思，对比项目目标与实际成果的差距，分析思考其背后的原因。

- 过程中发生了什么：企业对试错执行过程进行反思，发现执行过程中的问题与挑战。

- 哪些假设得到了验证：企业收集分析执行方案后客户及相关主体

的反馈信息，对策略、方案、产品背后的假设进行思考，证实或证伪。

- 过程中产生了哪些新假设：企业思考新的假设与可能性，作为全新方案及产品规划的基础。

优化环节重在完善方案，主要有 4 个方向：

- 放弃：有哪些举措被证实无效，需要放弃。

- 保留：有哪些举措被证实效果良好，需要保留。

- 挖深：有些举措被证明有效，但浮于表面，需要进一步挖深做透。

- 创新：根据全新假设，提出全新的举措与解决方案。

在反思和优化的过程中，分析的深度很重要。如果对试错中的反馈没有深入的分析，而仅仅停留在表层的思考，项目就难以找到核心问题，企业也自然找不到优化的方向。

在通用汽车公司的历史上就有一个非常有趣的故事。一次，一位客户向通用汽车投诉，说自己的汽车对香草冰激凌过敏。这个客户在去买冰激凌的时候发现：每次买香草冰激凌时，汽车都不启动，但是如果是其他口味的，汽车就会正常地启动。因此客户判定，他的汽车明显对香草味的冰激凌过敏。

通用的高管当然对这个投诉深表怀疑，不过，他们仍然派了个工程师去检查这个问题。于是，工程师和客户连续几天一起去买冰激凌。结果发现，当客户买其他口味的冰激凌时,车子都没有问题,但是每当客户买香草口味冰激凌时,车就真的不会启动了。难道,真的是汽车对香草冰激凌过敏吗?

工程师通过详细记录和深入分析各种数据,最后发现一个线索:客户买香草味冰激凌所停留的时间更短。为什么呢?因为香草味是最受欢迎的口味,冰激凌店把香草味的冰激凌放在前台,客人取得更快。而其他口味的都被放在后厨,所以客人拿到冰激凌的时间是不同的。

现在,工程师的问题变成了:为什么汽车从停车到启动的时间短,会导致汽车无法启动。最终,问题真相被查明,即车的"气阻部件"的设计有问题。于是,通用最终改进了设计,解决了该车型的启动问题。

这个故事启发了我们:面对试错过程所获得的反馈时,我们要深入思考与发现,才能真正做到方案的优化与迭代。

**第四步,萃取复制。**

试错验证与反思优化是一个不断循环的过程,当方案、产品被实践验证,这个循环就可以告一段落,之后进入萃取复制阶段。萃取复制阶段有两个重要任务。

- 萃取:企业对试错验证及反思优化过程中的经验进行萃取提炼,形成可以复制传承的知识产品,如课程、操作手册等。

- 复制:企业将萃取的经验形成的知识产品在公司更大的范围内推广,如区域、部门等,以获取更大的业务提升。

## 成就个体：如何在业务绩效突破中实现人的发展

在赋能业务的学习项目中，洞察立项、策略共创与敏捷迭代 3 个模块共同构成了一条线。在这条线上，学员组成团队，从洞察业务问题开始，通过调研访谈，收集资料，共创解决策略，并在真实业务场景中执行解决方案，随后再进行反省复盘，不断克服困难，持续优化方案。这条线的本质是一个工作与奋斗的历程，它构成了真实的发展情境。在这个真实的情境中，业务团队与个人的能力得到发展。

从建构主义学习理论来看，高效的学习需要以下 4 个要素：情境、协作、会话和意义建构。赋能业务的学习项目本身就提供了一个主题情境，在解决问题的历程中，学员团队共创及跨部门的项目推动过程创造了学员间协作和会话的机会。学员围绕共同项目目标与愿景的奋斗，是意义建构的契机。

因此，成就个体模块的任务是企业通过有效设计，在项目的历程中发展个体、提升学员能力。成就个体可以从 4 个环节着手进行设计，分别是自我觉察、认知升级、个人反思、团队共修。

**自我觉察。**

知人者智，自知者明。自我觉察，明确自己的优点与不足，并在此基础上制订自身在项目中的能力发展计划，这是自我觉察阶段的任务。对于建立了岗位能力模型的公司来说，企业可以通过能力测评，对每个参与学员进行评估。通过自我觉察工作坊，企业帮助学员勾画自身的能力平衡轮，使其发现自己在岗位能力模型中各项能力的优势与短板。并在此基础上，企业规划出学员在项目阶段的学习发展计划。

**赋能业务** EMPOWER YOUR BUSINESS

**认知升级。**

根据项目需要和能力要求，企业安排专业类课程和工作坊的学习，以及相关书籍的阅读计划，从而提升团队成员的认知水平。

这里的认知升级主要包括两个方面。一是与赋能业务项目主题相关的知识工具方法的学习。例如，如果是质量项目，学习内容就涉及六西格玛。如果是营销类项目，学习内容可能会涉及品牌推广、新零售等方面。此外，企业也可以安排项目管理、行动学习等项目工具类的课程。需要注意的是，课程的主题一定要围绕项目目标的达成。二是领导力方面的课程。例如，涉及团队领导的主题，企业可以安排赋能团队的课程，让领导们学习如何激发团队的能量与活力。有关培养战略思维的主题，企业可以安排战略解码工作坊，让学员在解码公司战略的过程中，理解战略、培养战略思维。企业也可以让学员自学平衡计分卡等战略分解工具方法。

**个人反思。**

这就是指，在项目的推动过程中，企业鼓励每个项目组成员进行个人反思。个人反思是领导力发展的重要手段。自我反思的目的是发现自己的缺点与不足。发现与觉察是进步的前提。因此学员若闻过则喜，每天能够发现一点自己的不足，并有意识地改进，就能每天进步一点点。这就是精进的含义。保持反思与精进，日积月累，学员就能获得个人领导力的巨大提升。

学员的反思并非是空泛的，而应该结合赋能业务的学习项目。学员可以从两个角度进行反思：一方面，是自我能力反思，根据自己能力提升计划，结合项目执行过程中自己的表现，反省个人能力在哪些方面存在哪些不足、需要做哪些提升。另一方面，学员还可以针对项目的执行过程进行反思，比如在项目落地的过程中，团队协同还有哪些需要改进的地方、项目推进方式还需要做什么调整等。

**团队共修。**

团队共修是运用团队的力量共同修炼、共同成长。团队中伙伴们的相互关心、相互反馈、情感支持及伙伴们共同进步的氛围等都是帮助个人进步的有利条件。利用团队力量，实现成员共同进步，这是团队共修设计的初衷。团队共修有许多形式可以采纳，如同伴反馈、领导力私董会、经典研读和正念禅修等。

- 同伴反馈的本质是照镜子。根据乔哈里窗理论[1]，每个人都有自己不知道，但是他人知道的一面，因此，同伴的反馈能够帮助每个人更加清醒地认识自己和了解自己。这是自我进步的开始。此外，同伴的关注与正面反馈往往具有巨大的激励作用，因为每个人都有被关注与欣赏的内心渴望。这样的激励力量能够帮助人们克服困难、突破舒适区、实现个人成长。

- 团队共修的另一种有效形式是领导力私董会。领导力私董会以某一位学员的领导力难题为中心，通过团队成员的阐述、提问、澄清、建议等环节，解决该学员的领导力难题，实现学员个人成长。这些领导力难题通常具有一定代表性，是学员们普遍面对的领导力问题，例如如何领导比自己年龄大的下属。

---

[1] 乔哈里窗理论即 Johari's Window Theory，是一种关于沟通的理论和工具。根据这一理论，人的内心被划分为 4 个区域：公开区、隐藏区、盲区、未知区。——编者注

- 此外，团队共同诵读经典著作，撰写读书反思体会，集体修习正念，撰写反思日记并打卡，都是很好的团队共修活动。这些活动可以借助团队的力量，帮助每个人形成良好的领导力习惯，实现个人的成长。

## 赋能团队：项目全程的团队能量曲线与干预手法

赋能业务的学习项目的落地实践过程通常需要一段时间，有些项目的周期可能长达几个月甚至超过 1 年。在这么长的项目周期中，团队的能量难免出现高低起伏。很多项目失败的原因就是在项目中途团队士气不足，从而难以克服困难。

那么，如何管理与调动项目团队的能量？这就是赋能团队环节的主题。即在项目推动过程中，企业通过对团队的能量进行管理，提升成员参与度，从而提高项目成功率的方法。

让我们思考一下，在项目推进过程中，团队能量管理为什么很重要。在复杂变化的环境中，项目成员的本职工作的压力已经很重。而在赋能业务项目的推动过程中，全新的任务难度更高，这就给成员增加了新的负担。因此，在项目的执行过程中，以下问题就容易产生：团队的参与度和承诺不够；面对挑战性问题和挫折时，成员往往选择逃避；在项目过程中出现厌倦和疲惫情绪等。

孙子兵法中就非常强调"治气"，领兵打仗的核心是治士气，士气低落的部队，自然难以获胜。士气是一种无形的能量。企业想要真正实现项目落地并产生实效，团队就要提升士气。因此，管理项目团队的能量，自然就成了关乎项目成败的关键因素。

那么，我们怎么样管理项目团队的能量呢？孙子兵法中有云："朝气锐，昼气惰，暮气归。"早上士气高，中午士气下降，晚上士气就变得很低了。可见，在不同的阶段，团队的士气是不一样的。项目管理也是如此，我们需要了解在项目的全周期中，团队的能量在不同阶段的不同特点，再采取针对性的措施，去管理和调整团队的能量。那么，在一个项目周期里，团队的能量变化通常有什么样的规律呢？

### 项目团队的 5 个能量阶段。

基于研究，我们可以把赋能业务的项目分成 5 个阶段，分别是组建期、风暴期、成熟期、倦怠期和升华期（见图 9-7）。

**组建期**。组建期是项目立项初期，项目小组正式成立后的一段时期。在项目组建期内，学习项目刚刚成立，成员也刚刚加入项目组。这时，项目成员对项目的目标不清晰，也就缺乏理解与认同，不愿意做出承诺。同时，项目成员之间也不熟悉，相互之间缺乏信任，容易产生自我防卫意识。这时团队能量处于低点，这里就出现了第一个能量干预点。

干预的目标是激发团队承诺，提升团队能量。具体方法是帮助团队迅速明确项目目标，建立团队契约与共同承诺。企业可以采用团队破冰、目标愿景共创、团队契约达成和共同承诺仪式等方法。

**风暴期**。新组建的团队开始时往往表面和谐。然而，由于成员相互之间的深度信任没有形成，大家对项目的理解也参差不齐，因此，一旦进入项目的具体推进过程中，成员间就会产生很多矛盾与问题，这就是风暴期。

风暴期的典型现象是成员之间沟通不畅、看法不同、立场不一、角度各

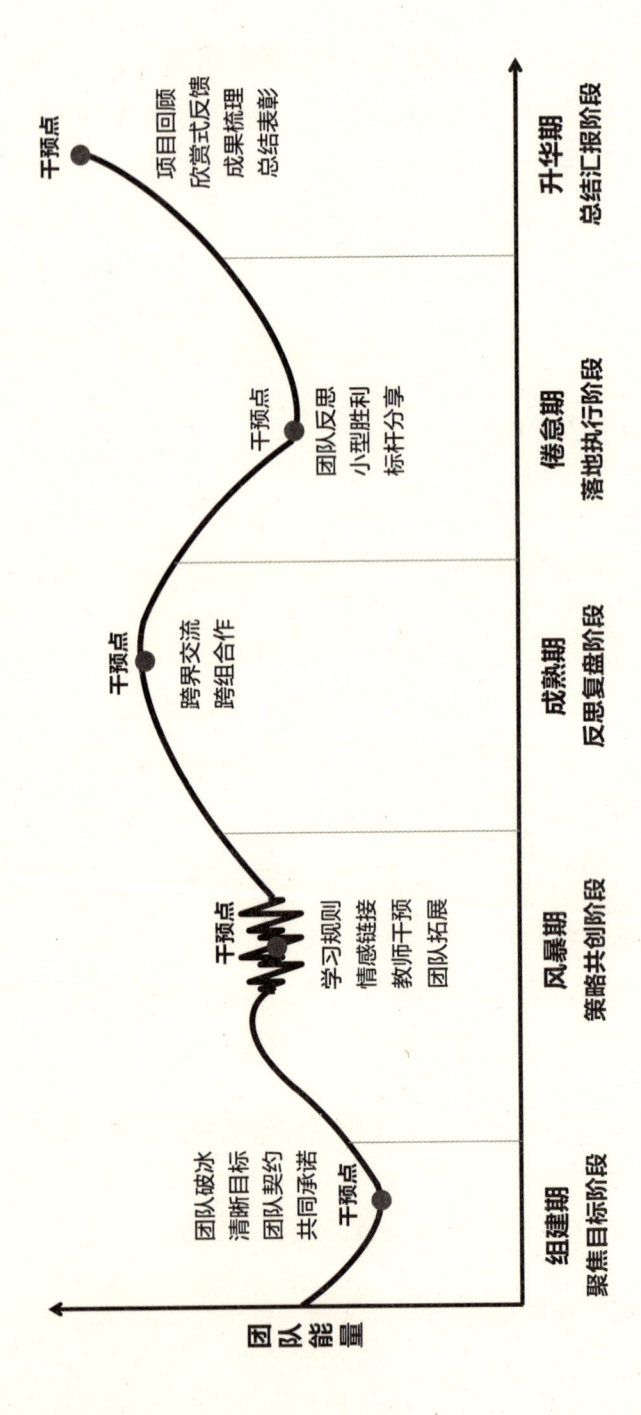

赋能业务　EMPOWER YOUR BUSINESS

图9-7　项目团队的5个能量阶段及干预手段

异。如果企业没有协调好以上问题，成员间的矛盾冲突甚至会上升到对彼此人格品质的怀疑。因此，在风暴期的主要任务是解决矛盾冲突，帮助团队达成共识，形成有效的团队合作。

风暴期的干预有以下两个要点。

- 第一点是有效的团队协作规则的建立。团队协作的规则是解决协作矛盾的基础。如对于团队分工、各自扮演的角色与责任、重要时间节点与任务目标、成员的时间投入、沟通与协作方式等方面的问题，一旦建立好团队协作规则，成员们就能够做到和而不同，即使大家意见不一致，也会遵守基本的协作规范。

- 第二点就是团队成员情感链接的建立。团队成员从陌生到熟悉，产生亲密的感觉，相互之间建立深厚的同伴友谊，整个团队才能达到"胜则举杯相庆，败则拼死相救"的境界。

因此，在这个过程中，项目负责人的必要的干预非常重要。可以组织团队拓展、团队户外拉练、团队欣赏式反馈等活动。

**成熟期。** 在风暴期过去以后，团队成员之间相互熟悉，团队协作逐渐高效，成员间越来越默契，团队能量曲线就会迅速攀升，团队进入成熟期。

在这个阶段，尽管团队能量高涨，但是另外一个问题容易产生，那就是团队思维趋同，群体思维与从众意识产生，团队成员不愿意发表不同意见，从而导致共创结果缺乏创新，项目方案在后期落地时容易遭遇瓶颈。因此，成熟期的主要任务是突破瓶颈、创新探索。以下一些方法可供参考。

- **跨界交流**。为了帮助团队成员突破固化思维，企业可以组织跨界参访和交流，开拓视野，拓展思维边界。

- **跨项目小组合作**。如果项目有几个课题小组，企业就可以打开小组边界，运用问题风暴等工具方法，通过小组间提问、挑战及建议的方式，扩大视角，完善方案。

总之，在成熟期，企业要充分利用这个能量高位阶段，实现议题的高质量突破和创新。

**倦怠期**。在成熟期过后，随着项目推进进入深水区，落地难题等诸多挑战频现。这个阶段就是攸关项目成败的倦怠期。倦怠期往往出现在整个赋能业务学习项目的中后期。在这个时候，项目的任务很重，团队成员一方面面临项目成果即将交付的压力，另一方面已经处于疲惫状态。与此同时，团队还会经常遭遇很多意想不到的瓶颈和难题。这些都会严重打击团队的士气，使能量迅速下滑到低点。此时如果不做有效的干预，整个项目必败无疑。

那么具体怎么做呢？我们可以通过团队反思、小型胜利、标杆分享等方式提高士气、进行干预。

团队出现问题的时候，恰恰也是团队成员需要针对自身的问题，进行团队反思的时机。企业应该针对团队合作的过程进行分析，发现团队合作中的问题，找到提升团队凝聚力的方法。通过这样的活动，我们可以再次明确团队目标、团队契约与承诺，推动团队去更好地完成这个项目。

此外，在这个阶段，为了提高团队的士气，迅速获得小型胜利并及时庆祝也是很重要的。企业邀请取得胜利与成就的伙伴进行标杆分享，可以激励团队的士气，振奋团队的精神。例如，本书前文提到的 YJ 集团打造经销商赋能生意联合体、推动业绩提升的项目，就采用了上述方法。当整个项目进行到攻坚期，经销商会遇到很多阻力和困难，有许多经销商因此生出观望情绪。于是，我们就邀请那些已经做出成绩的经销商，让他们去做分享。这些经销商能量满满，他们的分享增强了其他抱持观望态度的经销商的信心，使他们相信这个方向是正确的，一定要围绕这个方向去突破和前行。最后，整个项目收获了丰硕的成果。

小型胜利的仪式化庆祝，对于提升倦怠期团队的能量是非常有效的。

**升华期**。升华期是赋能业务学习项目的收尾阶段。之所以命名为升华期，其目的是希望整个项目在成功的高潮中结束。这个时期是振奋团队及组织士气的绝佳机会。从整个项目来看，我们希望团队能量在项目结尾的时候达到顶点，它是一个升华。团队成员获得成就感并相互感激，能量随之达到最高的状态。

升华期可以采取的方法包括项目历程回顾、成果梳理、总结表彰等，也可以再安排一次欣赏式反馈。这个阶段的欣赏式反馈，效果会比风暴期的欣赏式反馈更加深入，大家怀着感恩之情相互反馈，激发成员的正能量，形成对整个项目的美好回忆。

对于整个公司来说，企业开展当众的表彰，除了激励项目团队外，还有一个额外的目的就是树立学习的文化和氛围，这有助于提高参与下一次赋能业务学习项目的学员的积极性。

不过，赋能业务学习项目是一种未知探索。既然是探索就有可能失败。如果项目失败，或者没有达到预期，这时候企业就要召开复盘会鼓励大家，同时在失败中总结建设性的因素，为今后的成功打下坚实的基础。整个复盘会的基调是总结而不是批判，是打气而不是追责。

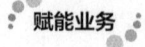

赋能业务  EMPOWER YOUR BUSINESS

**赋能业务清单**

1. 项目设计的 5 大误区：假问题、无创新、落地难、缺成长、能量低。

2. ICIDE 模型由 5 部分组成，分别是洞察立项（Insight）、调研共创（Co-creation）、敏捷迭代（Iteration）、成就个体（Development）、赋能团队（Energize）。

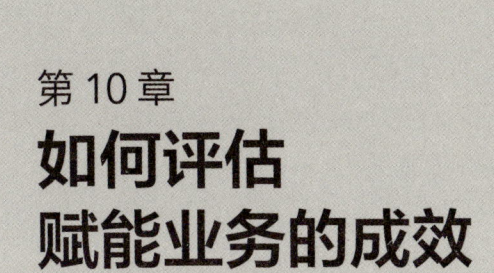

第 10 章
# 如何评估
# 赋能业务的成效

传统培训以人才发展为定位，对企业培训效果的评估就集中在对学员知识能力掌握程度的检验上。赋能业务的企业学习以帮助组织敏捷进化为使命，那么这样的学习应该如何评估呢？

## 传统的柯氏四级评估模式的局限

1959 年，唐纳德·L. 柯克帕特里克（Donald L.Kirkpatrick）提出了著名的柯氏四级培训评估模型。柯氏四级是传统培训最为经典的评估模式，适用于人才发展的培训评估。其主要内容是：第一级反应评估（Reaction）评估被培训者的满意程度，第二级学习评估（Learning）测定被培训者的学习获得程度，第三级行为评估（Behavior）考察被培训者的知识运用程度，第四级成果评估（Result）计算培训创出的经济效益。

柯氏四级评估指标的合理性与可行性，在新时代需要被重新审视。

- 第一级反应评估（学员的满意度）的数据是最容易获取的，目前该指标被广泛应用于课堂学习的评估场景中。然而，我们对这个指标在新形势下的合理性存疑。企业学习的客户是组织，目的是为组织创造价值。个体的满意度有可能与组织的价值创造相冲突。在针对绩效难题的突破性的学习中，学员往往付出巨大的时间精力，这有可能会导致学员的压力与不满情绪。教师顾及学员满意度，就会倾向于设计轻松愉快但无益的学习内容，从而背离了为组织创造价值的学习目标。

- 第二级学习评估通常采用考试等方法进行。在传统课程培训模式中，这个评估主要关注学员掌握所学知识的程度。然而，在互联网时代，知识丰富且易得性强，未知学习的价值远远大于已知知识的掌握。从学习项目中获取知识的价值在降低。知识的运用与新知的创造对组织的价值才是更大的。以学员对知识掌握程度为评估指标的学习评估的价值有限。

- 第三级行为评估重点关注的是学员经过培训之后的个体行为，即学员能否将所学知识运用到工作实践当中，提升工作的能力，进而转化成工作的业绩。这个指标的确能够说明部分学习的效果。然而，个体行为能力的改变只是组织能力提升的一部分；组织能力的提升、组织心智的改变，才是企业学习更为重要的目的。

- 培训为企业创造的经济效益的确是一个非常重要的目标，培训学习项目直接支持企业绩效落地，已经成为行业的重要共识。因而，第四级成果评估没有过时，只是传统课程培训与商业成果之间很难建立直接因果关系，很难评估培训学习所创造的直接经济效益。因此，第四级指标的评估往往并没有真正得到执行。在新的企业学习范式下，成果评估应当成为重要的评估指标之一。

总体来说，在传统培训模式下，受制于学习范式的局限性与评估的可执行性，学习项目的评估主要是集中在前两级。然而，由于对学员满意度与知识掌握的过度关注，企业学习培训部门忽视了学习真正的目标，那就是为组织创造价值。

# 赋能业务的 4 个评估指标

企业学习需要升维。企业学习应当从个体发展定位，提升到以赋能业务、助力组织变革进化为使命。全新的定位必然带来全新的评估方式。在全新定位下，企业可以采用以下 4 个评估指标进行评估。

## 客户满意度评估

企业学习是为组织服务的，但每一个具体的企业学习项目一定会服务于特定的部门，它们就是企业学习部门的直接客户。例如，在绩效推进项目中，绩效推进的责任部门与项目受益者就是客户；在创新业务探索的项目中，负责创新业务的部门就是客户。

企业学习部门是甲方中的乙方，应当具有强烈的客户意识，明确自己的客户是谁，能够为他们创造的价值是什么。在每一个学习项目启动之前，企业都应当深入分析客户的核心问题是什么，项目的真正目标是什么。在项目启动之前，企业要明确学习目标与评估标准，并与直接客户达成共识。在项目结束之后，项目应当请直接客户根据事前确定的评估标准来评估，做出整体满意度评价，将评估结果作为企业学习项目的评估指标之一。

## 商业成果评估

商业成果是指企业学习项目所产生的实际商业成果，如销售业绩的增长、生产成本的下降、利润的提升等，它一般使用定量化的指标进行测定。

商业成果是柯氏四级指标中的第四级，也是最高一级。在全新的企业学习范式下，学习应当直接支撑业务。在业务绩效落地学习项目中，项目一定会产生实际的商业成果。因此，商业成果是赋能业务的企业学习中的关键评估指标。然而，这里之所以将它放在第二级，是避免唯业绩导向，企业学习的根本目的是探索新知与提升心智。模式找到了，道路明晰了，业绩提升自然不是问题。

## 新知产出评估

企业学习要为组织进化赋能，该种学习最重要的目的不是对已知知识体系的掌握，而是对未知的探索。在最新的环境变化与挑战下，组织如何形成全新的业务模式、如何变革自身的运营管理，这些都是组织面临的核心问题。显然，没有现成的知识与答案能够解决这些问题，企业学习的重要任务就是通过设计学习项目，使组织可以在共创解决问题与实践验证的过程中，获取经验与新知，为自身变革蹚出一条道路来。

因此，评价赋能业务的企业学习的一个重要指标应当是新知产出的质量。具体来说，可以对企业学习项目中产生的解决方案、策略报告、过程计划、优秀案例、经验萃取成果、SOP 手册、课程等进行评估。直接客户及相关部门领导可以从新知产出的创新性、可执行性、可复制推广性等方面，对学习项目进行评估。

## 组织心智评估

组织变革进化需要克服的最大障碍是组织的固化思维。企业组织是生存在环境系统中的子系统，为了适应环境，它会形成独特的战略、组织、制度与措施，进而形成组织内部的小环境。随着时间的推移，组织成员在小环境中会形成习惯性的行为，进而形成固定的思维。这些思维存在于人们的潜意识之中，并在组织成员之间的相互影响中被强化，形成组织集体心智，而且很难被改变。

当商业环境发生变化时，组织原有的战略、组织架构、制度与措施必然会丧失环境土壤，此时，就需要对组织进行内部变革来适应环境。企业学习的根本目的是对组织的改变，而改变的关键是对组织心智的提升。企业学习项目如果不能对组织心智的改变做出贡献，学习的根本目的就没有达成。对组织心智的评估可以采用问卷调研的形式，对学员及相关组织成员进行调查，检验学习项目前后认知是否有了升级。

**赋能业务清单**

赋能业务的 4 个评估指标：

● 客户满意度评估。

● 商业成果评估。

● 新知产出评估。

● 组织心智评估。

扫码获取更多内容，
让企业学习真正赋能业务。

结语

EMPOWER
YOUR
BUSINESS

## 在"后企业大学"时代，真正成为赋能型组织

在传统公司组织架构下，培训学习部门隶属于人力资源职能板块，是人才选、育、用、留中育的环节，其核心定位是人才发展。

然而，随着 VUCA 时代与数字化时代的到来，组织对学习的要求与价值定位在提高，学习要发挥战略创新、业务赋能、知识经营与组织能力发展的作用。传统培训学习部门在组织、资源、权限、能力、机制等方面，显然无法适应全新定位的要求。学习部门的组织架构需要重新定义与建构。

2021 年 5 月 14 日，教育部等八部门正式发布《关于规范"大学""学院"名称登记使用的意见》(以下简称《意见》)，指出近年来一些企业内设培训机构、社会组织，未经批准冒用"大学""学院"名称，

并对外开展宣传、招生等活动，造成社会公众误解，扰乱了教育秩序，产生了不良影响。《意见》规定，企业设立的、无须审批登记的内设培训机构，不得使用"大学""学院"字样的名称及简称开展任何形式的宣传等活动。

一石激起千层浪。《意见》出台后，在企业培训领域的各类论坛活动和社群交流中，关于原"企业大学"如何规范、如何定位、如何更名等方面的讨论如火如荼，但讨论结果却很难达成共识。在"后企业大学"时代，企业将何去何从？

对于原"企业大学"如何更名，网上也流传出来各种建议，比如：学堂、学苑、研修院、人才开发院、人才发展中心等，但在这些名词中，你很难找出一个让大家高度认同的名称。究其原因，还是各家专设企业学习机构的功能和定位各有不同，也缺乏权威部门的统一指导。更名的难题只是一个表象，企业应该借此机会重新反思与审视企业培训的问题与价值，在"后企业大学"时代为企业培训找准价值定位和发展方向。

在动荡变化的数字化时代，传统企业培训面临重大挑战，已经处于范式变革的前夜。反思过去，即使没有更名之惑，"企业大学"也存在诸多问题和挑战：

- 一是 VUCA 环境导致组织变革，这动摇了原"企业大学"人才培养体系的根基。人才培养体系构建过程往往是建立岗位能力模型、构建学习地图、开发课程体系、建设内训师团队。然而，在动荡变化的商业环境下，企业战略与组织必然会相应调整，组织变革成为常态。岗位的动态调整就会使人才培养工作失去准星。

- 二是企业培训需要促进业务发展，但能力提升与绩效达成难以紧密融合。传统的企业培训以人才发展为主要目的，但近年来随着

## 结语　在"后企业大学"时代，真正成为赋能型组织

外部环境变化，企业培训对业务支持方面的期望提高且要求增加。如何学以致用，促进学习转化，使员工能力提升与组织绩效达成紧密结合，这些都需要全新的方法论的支持。这对企业培训是一个持续性的挑战。

- 三是已知领域的学习价值下滑，未知领域需要企业培训学习部门积极探索。传统培训模式以课程为基础，主要价值是已知知识体系的学习。然而对企业来说，真正有价值的学习不是面向已知的学习，而是面向未知的探索。如何实现面向未知的有效学习，这是企业培训学习部门面临的新挑战。

- 四是在对外服务转型过程中，企业培训学习部门的产品服务难以达到市场要求。近年来，很多较成熟的原"企业大学"的专业程度和价值影响已得到行业内部认可。但当企业需要对产业链上的客户、供应商进行战略培养时，其对内的专业度未必满足外部的市场要求，尤其是在学习产品开发、市场营销推广、团队服务能力等方面。这些都对专设企业培训机构转型提出了更高的要求。

作为企业培训组织的一种高级形态，原"企业大学"正面临诸多问题和挑战，我们需要溯本清源，重新审视其价值。认清本质，着眼未来，才能为全新范式的确立指明方向。

从培训到学习的转变，已成为业内的普遍共识。但这只是形式和理念的转变，企业学习的价值并没有得到实质性的提升。企业学习的本质是一种管理手段，其价值不应局限于知识传授和人才培养，而应是帮助企业实现战略落地、业绩达成，甚至组织进化。

## 赋能业务　EMPOWER YOUR BUSINESS

在 VUCA 时代，企业学习的速度只有跟上甚至超越环境的变化速度，才能保障组织的健康发展。基业长青的企业必然是一个在经营发展中持续学习的组织。要打造这样的学习型组织，企业就需要运用赋能的管理方法。我们放眼当今企业发展面临的环境，赋能已经成为这个管理时代最重要的主题。

赋能的本质是创造一个全新的组织环境，激发组织与个体最大的潜能，实现组织的自我驱动及敏捷进化与发展。赋能型组织必将成为组织未来发展潮流。"赋能"也将成为组织最核心的功能。由此我认为，"赋能"是企业学习创造价值的核心方法。

既然原"企业大学"面临更名，我们何不从企业学习创造价值的核心方法——"赋能"出发，将原"企业大学"转变为企业学习赋能中心，让企业学习通过赋能员工、赋能业务、赋能组织、赋能生态，为组织创造价值。

赋能员工就是通过学习的方式，提升员工能力，建设人才梯队；赋能业务就是通过工作任务分析，协助业务部门解决工作问题，促进业绩达成；赋能组织就是通过组织经验萃取与应用、企业文化建设与传播、组织架构与流程优化，助力组织发展；赋能生态就是围绕客户、供应商、战略联盟等产业生态合作伙伴，提升企业效率与实现价值创造。

当然，不同的企业在不同的发展阶段，对企业学习部门的职能要求也会不同。一般情况下，赋能员工和赋能业务是企业学习的基本要求，赋能组织对企业学习部门的专业能力要求更高，赋能生态则不仅要求所处企业在行业处于领先地位，更需要企业有相应的战略布局和机制保障。

名正则言可顺，言顺则事易成。"赋能"已成为企业学习的主旋律，企业学习赋能中心或将开启"后企业大学"时代。

## 致谢

EMPOWER
YOUR
BUSINESS

本书不仅是"写作"出来的，更是"实践"出来的。书中所提出的理论与方法论，均来自我为企业服务的实践。在这个过程中，我们与甲方专家一起智慧共创，受益良多。

特别感谢益海嘉里集团人事行政部总监张建新先生。建新总对本书的写作框架与内容提出了非常中肯的建议，他策划与主持推动的益海嘉里主任层管理技能提升项目，为本书贡献了精彩的案例。感谢益海嘉里人事行政部专业副总监董旭永先生，作为主任层项目的主要执行负责人，他组织撰写了主任层项目的案例。感谢益海嘉里集团培训中心负责人陈建军老师，益海嘉里集团传统渠道总监魏涛先生。自2017年起，我们共同努力，将卓越经销商运营项目持续推进，获得业绩增长实效。

由衷感谢万华化学集团高级人力资源总监、万华大学执行校长赵继德先生，万华大学教务长李学勇老师。在万华卓越制造能力提升项目实践中，我们共同为万华从卓越走向伟大的历程做出了贡献。通过无数次开会共创，我体悟并提炼了"知识炼金术八步法"，使其成为赋能业务的企业学习的底层技术。

感谢周大福集团人力资源总纪理王小波先生，人力资源副总经理赵畅畅女士。在我们自2019年以来的共同努力下，门店业绩提升，"星光计划"成绩斐然，赋能业务的企业学习体系初建成功。

在企业学习赋能业务这条道路上，许多专家是同道中人。

感谢CSTD中国人才发展平台创始人熊俊彬先生，在2021年我们一起策划推动了"业务赋能大会"，共同撰写了《企业学习赋能中心：开启后企业大学时代》的论文，推动了企业学习赋能业务的潮流。

感谢方太学校执行校长高旭升先生、大地保险代理公司董事长逄博先生、前阿里巴巴资深专家安秋明先生、华为大学客座教授王维滨先生、大健康产业人才发展联盟理事长涂益华先生、法国里昂商学院人力资源与组织创新中心执行主任Lily老师、奥托立夫中国区人力资源副总裁赵亚女士、领导梯队学院院长冯晓晋先生、前中欧商业在线总经理苏静女士、传世智慧创始人范厚华先生、香港博雅管理基金会行政总裁王光丽女士。

感谢湛庐文化的编辑老师们。在本书出版中，他们给予了非常专业的建议，尤其是大纲框架的修改，使得本书更加读者导向。

感谢创课群落共同努力奋斗的所有专家与老师。韩冬老师主持并参与了本书提到的绝大多数项目案例的撰写。Sasa对书稿进行了校对修改，并对插图进行了整理。

感恩与思念今年刚刚离世的父亲与母亲。没有你们，就没有本书。这本书献给你们。

## 未来，属于终身学习者

我这辈子遇到的聪明人（来自各行各业的聪明人）没有不每天阅读的——没有，一个都没有。巴菲特读书之多，我读书之多，可能会让你感到吃惊。孩子们都笑话我。他们觉得我是一本长了两条腿的书。

——查理·芒格

互联网改变了信息连接的方式；指数型技术在迅速颠覆着现有的商业世界；人工智能已经开始抢占人类的工作岗位……

未来，到底需要什么样的人才？

改变命运唯一的策略是你要变成终身学习者。未来世界将不再需要单一的技能型人才，而是需要具备完善的知识结构、极强逻辑思考力和高感知力的复合型人才。优秀的人往往通过阅读建立足够强大的抽象思维能力，获得异于众人的思考和整合能力。未来，将属于终身学习者！而阅读必定和终身学习形影不离。

很多人读书，追求的是干货，寻求的是立刻行之有效的解决方案。其实这是一种留在舒适区的阅读方法。在这个充满不确定性的年代，答案不会简单地出现在书里，因为生活根本就没有标准确切的答案，你也不能期望过去的经验能解决未来的问题。

而真正的阅读，应该在书中与智者同行思考，借他们的视角看到世界的多元性，提出比答案更重要的好问题，在不确定的时代中领先起跑。

### 湛庐阅读App：与最聪明的人共同进化

有人常常把成本支出的焦点放在书价上，把读完一本书当作阅读的终结。其实不然。

---

时间是读者付出的最大阅读成本
怎么读是读者面临的最大阅读障碍
"读书破万卷"不仅仅在"万"，更重要的是在"破"！

---

现在，我们构建了全新的"湛庐阅读"App。它将成为你"破万卷"的新居所。在这里：

● 不用考虑读什么，你可以便捷找到纸书、电子书、有声书和各种声音产品；
● 你可以学会怎么读，你将发现集泛读、通读、精读于一体的阅读解决方案；
● 你会与作者、译者、专家、推荐人和阅读教练相遇，他们是优质思想的发源地；
● 你会与优秀的读者和终身学习者为伍，他们对阅读和学习有着持久的热情和源源不绝的内驱力。

下载湛庐阅读App，
坚持亲自阅读，
有声书、电子书、阅读服务，
一站获得。

# 本书阅读资料包

## 给你便捷、高效、全面的阅读体验

### 本书参考资料
湛庐独家策划

- ☑ **参考文献**
  为了环保、节约纸张,部分图书的参考文献以电子版方式提供

- ☑ **主题书单**
  编辑精心推荐的延伸阅读书单,助你开启主题式阅读

- ☑ **图片资料**
  提供部分图片的高清彩色原版大图,方便保存和分享

### 相关阅读服务
终身学习者必备

- ☑ **电子书**
  便捷、高效,方便检索,易于携带,随时更新

- ☑ **有声书**
  保护视力,随时随地,有温度、有情感地听本书

- ☑ **精读班**
  2~4周,最懂这本书的人带你读完、读懂、读透这本好书

- ☑ **课　程**
  课程权威专家给你开书单,带你快速浏览一个领域的知识概貌

- ☑ **讲　书**
  30分钟,大咖给你讲本书,让你挑书不费劲

湛庐编辑为你独家呈现
助你更好获得书里和书外的思想和智慧,请扫码查收!

(阅读资料包的内容因书而异,最终以湛庐阅读App页面为准)

## 内 容 提 要

VUCA时代，企业经营管理需要更为务实高效，围绕客户需求敏捷反应、创造价值。面对各种挑战，企业学习部门要对传统培训的价值定位进行重塑才能寻找到出路，为组织创造全新的价值。《赋能业务》对未来企业学习的全新理念与方法论——赋能业务做了全面介绍。书中第一部分详述了赋能业务的全景图、学习体系、6大升维、7大应用场景、学习三支柱。第二部分介绍了赋能业务方法金三角：赋能于人、赋能客户、赋能组织。第三部分讲述了赋能业务项目实战中的关键点，如项目设计的ICIDE模型、评估赋能业务成效的方法。此外，作者对"后企业大学"时代，如何真正成为赋能型组织做出了新的展望。

版权所有，侵权必究
本书法律顾问　北京市盈科律师事务所　崔爽律师

### 图书在版编目（CIP）数据

赋能业务 / 高松著. -- 北京：中国纺织出版社有限公司，2023.1
　ISBN 978-7-5229-0104-6

Ⅰ. ①赋… Ⅱ. ①高… Ⅲ. ①企业经营管理 Ⅳ. ①F272.3

中国版本图书馆CIP数据核字(2022)第222418号

责任编辑：刘桐妍　　责任校对：高　涵　　责任印制：储志伟

中国纺织出版社有限公司出版发行
地址：北京市朝阳区百子湾东里A407号楼　邮政编码：100124
销售电话：010—67004322　传真：010—87155801
http://www.c-textilep.com
中国纺织出版社天猫旗舰店
官方微博 http://weibo.com/2119887771
石家庄继文印刷有限公司印刷　各地新华书店经销
2023年1月第1版第1次印刷
开本：710×965　1/16　印张：18.75
字数：255千字　定价：99.90元

凡购本书，如有缺页、倒页、脱页，由本社图书营销中心调换